바르게 사는 방법을 가르치는
유태인 교육법

사람이없는곳에서
사 람 되 게 하 는
유 태 인 교 육

바르게 사는 방법을 가르치는

유태인 교육법
Jew's Method

변순복 지음

도서
출판 **대서**

바르게 사는 방법을 가르치는 **유태인 교육법**

2008년 6월 8일 초판 1쇄 발행
2015년 4월 25일 초판 6쇄 발행

지은이 : 변순복
펴낸이 : 장대윤

펴낸곳 : 도서출판 대서
서울 서초구 방배동 981-56
Tel 583-0612
Fax 583-0543
daiseo1216@hanmail.net

등록 제22-2411호
ISBN 978-89-92619-07-3 03230

Copyright ⓒ 2008 변순복
책값은 뒤표지에 있습니다.

저작권법에 의하여 무단전재와 복제를 금합니다.
잘못된 책은 바꿔드립니다.

머리말

사람들은 왜 유태인 교육에 많은 관심을 가지는가?

지구촌이 하나 되는 세상에 사는 많은 사람들은 더 행복한 삶, 더 편리한 삶, 더 많은 것을 누리는 삶을 살기 원합니다. 그러나 어떤 것이 행복이며 편리한 것인지, 또한 어떻게 사는 것이 더 많은 것을 누리는 삶인지 설명하는 것은 매우 어렵다고 생각합니다.

그러한 가운데 특별히 '어떻게 하면 우리의 2세들을 우리들보다 더 많이 누리는 삶, 즐기는 삶을 살게 할 수 있을까'를 고민하며 2세 교육에 많은 관심을 갖고 교육방법을 연구하게 되었습니다.

사람들은 '유태인이 무엇에 기초하여 어떤 원리로 교육하는가?'를 설명하려고 노력합니다. 이에 본서는

바르게 사는 방법을 가르치는 **유태인 교육법**

'유대교가 세계에 관해서 어떻게 가르치고 배우는가?',
'유태인이 하나님을 말할 때 그 하나님의 의미는 무엇인가?',
'유태인이 이 세상에서 어떻게 살아야 하는가?'
하는 점에 대해서 논의하면서 그것을 통하여 우리는 기독교인으로서 이 세상 사람들과 어떻게 더불어 살아야 하는가를 이야기하고자 합니다.

더불어 '유대교는 무엇을 믿어야 하는가?',
　　　'하나님은 정말 계시는가?',
　　　'하나님은 무엇과 같은가?',
　　　'왜 선한 사람들이 고통을 당해야 하는가?',
　　　'성경은 진짜인가?',
　　　'기도란 무엇인가?',
　　　'왜 기도하는가?'
등 일반적으로 많은 사람들이 갖고 있는 의문에 감히 답을 하려 합니다.

머리말

결론적으로 본서가 유대교 교육을 연구하는 것은 유태인의 일반 교육과 종교 교육과의 관계를 개괄적으로 살펴봄으로써 그들의 종교 교육의 방향, 목표, 그리고 목적을 간략하게 살펴보고자 하는 데 있습니다. 또한 유태인들의 사상과 이념을 개론적으로 연구하려고 합니다.

본서는 '무엇이 유태인을 현재의 유태인으로 만들어주었으며, 완전한 세계인인 동시에 완전한 유태인으로 자리매김할 수 있게 했는가?' 를 알아가는 데 목적이 있습니다. 이러한 부분을 공부하면서 우리 기독교인은 '우리의 2세들이 완전한 기독교인이며, 완전한 한국인이면서 완전한 세계인이 되는 방법' 을 찾아야 할 것입니다.

유태인들은 어떻게 2천년(70~1948년) 동안이나 나라가 없었는데도 불구하고 지금까지 그들의 전통과 관습과 사상과 믿음을 지켜올 수 있었는가? 그리고 그들의 교육이 어떻게 전수되었는가 하는 것을 연구하고 답을 찾아보려고 합니다. 그래서 그들의 신앙과 교육방법으로부터 진정 좋

바르게 사는 방법을 가르치는 유태인 교육법

은 점은 받아들여서 앞으로 이 세계를 이끌어갈 우리의 2세들을 교육시키는 데 적용시켜야 할 것입니다.

또한 그들이 실수한 것이 무엇인지 연구하여 우리가 같은 오류를 범하지 않으므로 유태인들을 능가하는 2세들을 양육하고, 유태인들로 하여금 질투하게 하여 예수님을 믿도록 인도할 수 있어야 할 것입니다.

2008. 5
방배골에서 저자 변순복

유태인의 교육 모토

사람이 없는 곳에서 사람 되는 것

이 세상 어디에도 사람이 없는 곳은 없습니다.
그러면 사람이 없는 곳에서 사람 된다는 말은 무슨 뜻입니까?

아무도 보는 사람이 없는 곳에서 바르게 생각하고 바른 행위를 할 수 있는 사람으로 세우는 교육을 한다는 말입니다.

사람은 너, 나를 막론하고 보는 사람이 없으면 그릇된 생각을 하는 경우가 많이 있습니다. 예를 들면 새벽에 자동차를 운전하고 있을 때 신호등이 빨간 신호로 바뀌었습니

바르게 사는 방법을 가르치는 **유태인 교육법**

다. 그 때 많은 사람들은 주위를 살펴 볼 것입니다. 그리고 보는 사람이 없으면, 특히 경찰차가 없으면 신호등을 무시하고 지나가는 것이 보통입니다.

그러나 유태인 교육은 그것을 허용하지 않습니다. 아무도 보는 사람이 없는 곳에서 법을 지키는 사람, 바르게 생각하는 사람, 바르게 행동하는 사람을 세우는 것이 유태인 교육의 모토입니다.

왜 그렇습니까? 보는 사람은 없어도 하나님께서 보시고 계시다는 것을 믿기 때문입니다.

피르케이 아보트*라는 책을 읽어보시면, 너를 바라보는 한 눈이 있다. 너에게 귀를 기울이고 있는 한 귀가 있다. 너의 말을 기록하고 너의 행위를 그림으로 그리는 한 책이 있다는 것을 기억하고 살도록 하라고 가르칩니다.**

하나님께서 보고 계시며, 듣고 계십니다. 쓰고, 그리고,

---

* 탈무드의 본문이 되는 미쉬나는 6부분으로 나누어지며 63권으로 이루어져 있습니다. 미쉬나 네번째 부분 9번째 책이 피르케이 아보트입니다.
** 피르케이 아보트 2장 1절 하반절

기록하고 계신다는 것을 믿으면 바른 길을 걸을 수 있다는 것입니다.

그러므로 유태인 교육은 잘사는 교육이 아니라,
바르게 사는 사람을 세우는 교육입니다.
목표, 결과 보다 과정을 중요하게 생각하는 사람을 세우는 교육입니다.

❝ 이것이 그들의 교육의 모토입니다.
우리 교육의 모토는 무엇입니까? ❞

목차

머리말 • 5
유태인의 교육 모토 • 11

01 유태인들이 2세 교육에 사용하는 교과서 • 15

유태인들은 무엇을 믿는가? • 17 / 유대교의 중심은 무엇인가? • 19
유대교 교육의 중심 - 성경 • 25 / 유대교 교육의 기둥 - 탈무드 • 27

02 유태인들이 2세에게 제일 먼저 가르치는 것 • 29

성경은 언제 배우는가? • 32 / 구전 토라는 언제 배우는가? • 33

03 유대교의 선생님 랍비 • 35

04 유태인은 왜 유태인 교육을 하는가? • 41

일반적인 학교 교육과 유태인 교육 • 43
유대교 교육의 본질적인 목표 • 45
유태인 회당에 있는 일반학교의 교육 목적 • 48

05 자녀가 만나는 최초의 교육기관 '가정' • 51

유태인 가정과 유대교 가정 • 53 / 유태인 자녀가 만나는 최초의 선생님 • 55
유대교 가정은 공동체 • 57
유대교 가정이 자녀에게 가지는 하나님을 향한 첫 번째 의무 • 60
유대교 가정에서는 어린이를 왜 캠프에 보내는가? • 63
하나님을 경험하는 장소에서 배우는 기도의 목적 1 • 70
하나님을 경험하는 장소에서 배우는 기도의 목적 2 • 73
하나님을 경험하는 장소에서 배우는 기도의 목적 3 • 77
하나님을 경험하는 장소에서 배우는 기도의 목적 4 • 79
유대교 문헌에 나타난 유대교 교육의 원리 • 83

06 유태인의 교육의 중심은 하나님 • 85

선생님이 있어야 하는 이유 • 87 / '배운다'는 말과 '가르친다'는 말 • 90
유대교 교육의 중심인 토라(오경) • 92 / 유대교 교육을 담당하는 선생님 • 99
하나님의 형상을 닮은 선생님의 삶 가운데 나타나는 유대교 교육원리 • 108

07 교육의 과정 • 133

교육은 사회적이어야 한다 • 135 / 교육은 체계적이어야 한다 • 138

08 탈무드가 말하는 배움의 기본적인 내용은 하나님 • 141

탈무드의 기본적인 배움의 내용 • 143
배움의 내용은 문자화 된 토라의 범위 안에 갇혀질 수 있는가? • 146

09 유태인 교육의 목적 • 157

교육의 목표 • 159 / 유태인 교육의 한계점과 문제점 • 166

10 현대 유태인들이 당면한 교육의 현실 • 169

유태인 교육의 문제점 발견 • 171 / 문제 해결방법 • 175
그렇다면 유대교가 무엇입니까? • 177
무엇이 이들을 하나로 묶어주는가? • 187
교육 목표의 수정 • 191 / 제사를 예배로 • 197
회당에서 무엇을 하는가? • 198

11 문제점 해결방안 : 믿음으로 돌아가자 • 215

믿음이란? • 217 / 선택의 의미 • 220
선택받은 자의 기도와 기도를 들으시는 유일하신 하나님 • 221
창조주 하나님께로 돌아가자 • 224 / 하나님께로 돌아온 표시 • 231
하나님께로 돌아온 표시로서 사랑 • 234

12 교육 현장으로 나가는 길 • 239

참고도서 • 245

Jew's Method

01

유태인들이
2세 교육에 사용하는
교과서

유태인들이 하나님의 말씀인 성경을 배워
하나님을 알고 하나님을 닮아 하나님을 보여주려는
몸부림의 결과물이 미쉬나이며 탈무드입니다.

1 유태인들이 2세 교육세 사용하는 교과서

교육을 하려면 교육의 대상, 교과서 그리고 가르치는 사람이 있어야 합니다. 그렇다면 유태인들이 2세를 교육하는 데 사용하는 교과서는 무엇입니까? 교과서를 알아보기 전에 '유태인들이 무엇을 믿는가?'를 아는 것이 중요합니다.

만약 우리가 유태인들에게 무엇을 믿느냐고 질문한다면 어떠한 대답이 나올 것이라고 생각합니까?

유태인들은 무엇을 믿는가?

"유태인들은 무엇을 믿을까요?" 라는 질문에 많은 사람들이 "유태인들은 유일하신 하나님을 믿는다"라고 마음속으로 답할 것입니다.

그렇다면 진실한 기독교인이라면 어떻게 대답할까요?

바르게 사는 방법을 가르치는 **유태인 교육법**

기독교인은 말할 것입니다.

"우리는 삼위일체 유일신 하나님을 믿는데 유태인들은 성부 하나님만을 유일신으로 믿는 사람들이다."

유태인들의 대답은 어떨까요? 유태인들은 말하기를, "우리는 유대교와 유대교 교육을 믿는다"라고 할 것입니다.

많은 사람들이 기대하였던 대답과는 완전히 다른 동문서답과 같은 대답입니다. 그러면 왜 그들은 이러한 대답을 하는지 생각해보아야 합니다. 그것을 알기 위해서 먼저 유대교를 아는 것이 필요합니다. 그러므로 유태인 교육을 알기 위하여서는 반드시 유대교를 먼저 알아야 하며 유대교 교육이 무엇인지 알아야 합니다.

단순한 유태인 교육이란 아무런 의미가 없습니다. 왜냐하면 유태인 교육은 일반 교육이 아니라, 하나님과 관계된 교육이기 때문입니다. 하나님 없는 유태인 교육은 아무런 의미가 없으며 연구할 만한 가치도 크지 않다고 봅니다.

그러나 우리나라 서점에 가보면 유태인 교육과 관련된

01 _ 유태인들이 2세 교육에 사용하는 교과서

수많은 서적이 하나님이 없는 유태인 교육을 말하며 그들의 가정이나 학교에서 나타나는 단편적인 것을 말할 뿐 진정한 그들의 교육의 원리가 무엇인지, 교육 철학이 무엇인지, 교육의 핵심이 무엇인지는 말하지 않는 것을 보면서 독자들은 안타까운 심정을 가질 것입니다. 그러므로 '유태인 교육'이라는 제목의 많은 서적을 읽고 적용하려면 어렵기 한이 없습니다.

유대교의 중심은 무엇인가?

유대교는 종교라기보다 유태인의 삶 그 자체라는 말이 맞을 것입니다. 다시 말해서 유태인은 삶이 종교이며 종교가 곧 삶입니다. 그러므로 유태인의 삶의 중심은 유대교인 것입니다. 그렇다면 유대교의 중심은 무엇입니까?

유대교의 기초석은 성경이며 기둥은 탈무드입니다. 유대교를 지탱하는 성경과 탈무드를 모르면 유대교를 알 수 없을 뿐만 아니라 유대교 교육 또한 알 수 없습니다. 성경과 탈무드가 가르치는 유태인의 삶의 자리의 중심에 있는

바르게 사는 방법을 가르치는 유태인 교육법

유대교의 중심은 첫째 하나님 중심, 둘째 회당 중심, 셋째 랍비 중심으로 살아가는 삶입니다.

기독교와 비교하여 보면 기독교는 교회 중심과 말씀 중심, 하나님 중심으로 살아간다고 할 때 유대교는 랍비 중심이지만 기독교는 목사 중심이 아니라는 차이점을 발견할 수 있습니다.

유대교에서 하나님 중심이라는 말은, 하나님의 말씀을 인간이 이해할 수 있는 언어로 기록한 성경이 중심이라는 말입니다. 그러므로 그들의 삶 가운데 가장 핵심을 이루는 원리이며 근본이며 기초가 되며 길을 제시하며 그 길을 인도하는 나침판은 바로 오직 성경입니다.

다시 말해서 성경은 하나님의 길이므로 유대교는 하나님의 길인 성경이 삶의 중심이 되는 것입니다. 그러므로 성경은 유태인들이 걸어가는 길에 빛을 비추며 그들의 발에 등불이 되어 삶을 인도하는 노정기입니다. 유대교인들은 하나님을 그들의 가장 앞자리에 모시고 그 하나님을 따

01 _ 유태인들이 2세 교육에 사용하는 교과서

르는 삶을 살려고 노력합니다.

　다음으로는 회당 중심이라는 말을 생각하여 봅시다. 이스라엘 백성이 모세의 인도 아래 출애굽하여 나온 후 광야에서 하나님의 인도함을 받아 시내산에서 하나님과 언약을 맺은 후 성막을 건설합니다. 하나님은 성막 안에 거하시며 이스라엘 백성과 함께 거하시는 것을 보여주었습니다. 이스라엘 백성이 광야를 여행할 때 성막을 중심으로 하여 모든 지파가 성막 주위에 서서 행진을 하였으며 진을 칠 때도 성막을 중심으로 각 지파들이 진을 친 것을 볼 수 있습니다.
　마찬가지로 현대 유태인들은 회당을 성막과 같이 생각하며 회당을 중심으로 2천 규빗(약 9백 미터) 이내에 자신의 장막을 가지는 것을 볼 수 있습니다.
　우리들은 집을 살 때 무엇을 기준으로 평가하며 장만합니까? 어느 지역이 투자가치가 있는지, 어느 지역이 8학군이며 교육 특구인지, 어느 지역이 문화생활을 할 수 있는 최고의 환경인지를 기준으로 삼지는 않습니까?

바르게 사는 방법을 가르치는 유태인 교육법

그러나 유태인들이 집을 살 때 가장 먼저 생각하는 것은 회당에 걸어갈 수 있는가 하는 것입니다. 아침에 출근할 때 회당에 들리며 퇴근할 때 회당에 들러서 올 수 있는가, 언제나 기도하고 싶을 때나 회당에 가고 싶을 때 달려갈 수 있는 거리에 회당이 있는가를 고려합니다. 다시 말해서 회당이 삶의 중심이 되어 있는 것입니다.

필자는 랍비학교에 다닐 때 우리 기독교인도 교회 중심으로 산다는 이야기를 한 적이 있었습니다. 그때 아주 자연스럽게 한 랍비가 말하였습니다.

"그것은 말 뿐이다. 왜냐하면 한국의 기독교인들은 교회를 건축한다하면 교회를 떠나 다른 교회로 옮겨가는데 그것이 교회 중심이냐?"

그러면서 유태인들은 회당을 건축할 때 광고를 하면 모든 사람들이 헌금하여 성막을 건축할 때와 마찬가지로 이제 그만 가지고 오라고 광고하여야 한다고 말하는 것이었습니다.

01 _ 유태인들이 2세 교육에 사용하는 교과서

또한 필자가 다니던 랍비학교가 지진으로 인하여 건물이 약간 부서지고 천장이 조금 떨어져 나간 일이 있었습니다. 그때 모든 회당은 영적 지도자를 양육하는 학교가 지진으로 인하여 약간 부서졌으니 3주 후에 헌금을 할 것이라고 광고하였습니다. 3주가 지난 후 모든 회당은 헌금을 하여 모아서 학교 당국에 가지고 왔습니다. 그 금액은 학교를 헐어내어 다시 건축하고도 남을 만한 금액이었습니다. 놀라운 일이라 생각합니다.

마지막으로 유대교는 랍비 중심입니다. 랍비 중심이라는 말은 무슨 뜻입니까? 유대교는 하나님 중심으로 하나님의 임재를 느끼며 하나님을 예배하는 장소가 회당이므로 회당 중심으로 살아갑니다. 그러므로 회당은 하나님의 백성들이 모이는 곳이며 하나님의 뜻을 찾는 장소이며 하나님을 만나는 곳이며 찬양과 경배를 드리는 예배처소로서 영적인 기관입니다. 이러한 영적인 기관에서 하나님의 말씀을 가르치는 사람이 누구입니까? 바로 랍비입니다. 그러므로 모든 일은 영적인 지도자인 랍비와 의논을 하게 됩니

바르게 사는 방법을 가르치는 유태인 교육법

다. 큰일이나 작은 일이나 무슨 일이든지 랍비와 상의하여 결정을 하게 됩니다. 왜냐하면 랍비들은 영적인 지도자로 하나님께서 세우신 사람으로 하나님의 일을 맡은 사람이기 때문입니다.

한 아버지가 아들을 데리고 회당에 랍비를 찾아와 말합니다. "랍비여 제 아들이 성경 읽은 것이나 기도하는 것이나 공부하는 것을 볼 수가 없습니다. 어떻게 하면 되겠습니까?"

어떤 상인이 랍비를 찾아와 말합니다. "개업을 하려고 하는데 언제 하면 오셔서 기도해 주실 수 있습니까?"

어떤 젊은 남녀가 랍비를 찾아와 말합니다. "결혼식을 하려는데 언제 하면 되겠습니까?"

그러나 만일 우리들이 이러한 문제를 가지고 있다면 목사님을 찾아가 무엇이라고 말하겠습니까? "목사님 제가

01 _ 유태인들이 2세 교육에 사용하는 교과서

몇 월 며칠에 개업을 합니다. 오셔서 기도해주십시오", "목사님 저희들이 몇 월 며칠에 결혼식을 하는데 주례를 맡아주세요", "목사님 제 아들이 문제아입니다. 기도하여 주십시오."

물론 좋은 대화임에는 틀림없습니다. 그러나 중심이 누구에게 있는 것입니까? 그렇다면 기독교인들에게 목사 중심으로 살아야한다고 가르치면 어떤 반응이 나올까요?

유대교 교육의 중심 - 성경

유대교에서 사용하는 첫 번째 교과서는 성경입니다. 왜 그렇습니까? 유대교의 중심은 하나님 중심입니다. 하나님 중심이라는 말은 하나님의 말씀을 기록한 성경 중심이라는 말입니다. 유대교인들에게 성경은 삶의 기초석이라고 우리는 이미 알고 있습니다. 그러므로 첫 번째 교과서는 당연히 성경입니다.

유대교에서 성경이라고 말할 때 그 말의 의미는 무엇이며 범위는 어디까지일까요? 초기 유대교에서 사용하는 성

바르게 사는 방법을 가르치는 유태인 교육법

경이라는 말은 '그 책들' 이었습니다. 이 말은 그 당시에 있었던 다른 책들과 구별하기 위하여 '구별된 책' 이라는 의미로 사용하던 용어입니다. 이 용어가 헬라어로 그리고 라틴어로 영어로 한글로 번역되어 성경이라는 말로 전해지게 되었습니다. 그러므로 한글로 성경이라는 말은 구별된 경전 또는 구별된 책이라는 말입니다.

그러면 우리는 언제 처음 성경을 가졌을까요? 젊은 남녀가 결혼을 하여 가정을 이룬 한 유태인 가정을 살펴보면 유대교인들은 언제 자신의 성경을 처음 가지게 되는지 잘 알 수 있습니다.

결혼식을 하고 신혼여행을 다녀와서 몇 달이 지났습니다. 직장에 있는 남편에게 사랑하는 부인으로부터 전화가 옵니다. "여보, 오늘 병원에 갔었는데 임신이래요."

그날 남편은 퇴근을 할 때 서점에 들러서 성경을 삽니다. 사랑하는 아내의 복중에 있는 아이를 위한 성경입니다. 집에 돌아와 성경책 첫 장을 열고 날짜를 쓰고 어머니는 그때부터 그 성경을 읽기 시작합니다. 복중에 임신되었다는 것

01 _ 유태인들이 2세 교육에 사용하는 교과서

이 확인되는 그날 성경을 가지게 되는 것입니다.

유대교 교육의 기둥 - 탈무드

성경을 가르치고 난 다음 유대교인들이 사용하는 교과서는 탈무드입니다. 탈무드는 책의 양이 너무 많아서 몇 트럭의 분량입니다. 탈무드는 크게 두 부분으로 나뉩니다.

첫째 부분은 본문의 부분이고, 둘째 부분은 그 본문을 주제로 하여 랍비들이 토론하며 해석하며 설명하는 부분입니다. 첫째 부분을 '미쉬나' 라고 부르며 두 번째 부분을 '게마라' 라고 부릅니다. 탈무드의 모든 페이지는 미쉬나와 게마라로 이루어집니다.

그러므로 탈무드는 미쉬나로부터 온 것이며 미쉬나는 랍비들이 구전으로 가르쳐오던 것을 기록하여 묶어 편집한 것입니다. 유태인들이 하나님의 말씀인 성경을 배워 하나님을 알고 하나님을 닮아 하나님을 보여주려는 몸부림의 결과물이 미쉬나입니다. 그러므로 미쉬나는 성경으로부터 온 것이며

바르게 사는 방법을 가르치는 **유태인 교육법**

이 미쉬나를 본문으로 삼아 다시 확대하여 해석하고 토론하며 설명하는 작업을 기록한 것이 게마라입니다. 그러므로 탈무드는 유태인의 삶의 기초이며 법이며 지혜이며 기둥입니다. 다시 말해서 유태인들은 모든 삶의 근거를 성경에 두고 있기 때문에 성경이 가라 하면 가고, 성경이 서라 하면 서는 것입니다.

   그리고 그들은 성경을 해석하다가 해석이 되지 않으면 따지지 않고 그대로 외워버립니다. 왜냐하면 억지로 풀다가 잘못 이해하여 잘못 적용할 수 있기 때문입니다.

Jew's Method

02

유태인들이 2세에게 제일 먼저 가르치는 것

유태인들이 미쉬나와 미드라쉬를 철저하게 연구하며 가르치는 이유는
하나님의 말씀인 성경을 바르고 분명하게 그리고
정확하게 이해하도록 가르치기 위함이며
이것을 삶 속에서 바르게 적용하여 살게 하기 위함입니다.

2 유태인들이 2세에게 제일 먼저 가르치는 것

유태인 가정에 자녀가 태어나면 제일 먼저 가르치는 것이 무엇입니까? 자녀가 태어나자마자 가르치는 것이 성경입니다. 성경을 가르치므로 하나님과의 관계를 제일 먼저 알게 만드는 것입니다.

그러므로 '나는 누구이다' 는 것을 배우기 전에 '나는 하나님의 아들이다', 그리고 '나는 하나님이 택한 사람이다' 라는 것을 먼저 배웁니다. 자녀가 이 세상에 태어나서 어떤 것을 접하기 전에, 어떤 것을 만나기 전에, 어떤 것을 보고 듣기 전에 성경이라는 교과서를 배우므로 하나님과 자신과의 관계를 제일 먼저 배우는 것입니다.

성경은 언제 배우는가?

자녀가 태어나면 어머니는 매일 정한 시간에 기도하는 모습을 자녀에게 보여주며 성경 읽는 모습을 보여줄 뿐만 아니라 성경을 소리 내어 읽어주어 하나님 말씀을 듣게 합니다. 이렇게 학교에 들어가기 전까지 가정에서 성경 읽는 것과 기도하는 것과 유태인의 전통과 관습을 지키는 것에 익숙해지게 됩니다.

자라나서 학교에 입학하게 되면 초등학교 1학년은 토라 중 창세기를, 2학년에는 출애굽기를, 3학년에는 레위기를, 4학년에는 민수기를 그리고 5학년에는 신명기를 공부하여 초등학교를 마치면서 토라(오경)를 모두 공부하게 됩니다. 특별히 성경 가운데서 토라에 대해서는 아주 어릴 때부터 듣고 읽어왔고 배웠기 때문에 거의 암기할 정도입니다.

초등학교를 마치고 6학년(중학교 1학년)에 들어가면 성경에 나오는 명절(절기)을 자세하게 배우기 시작합니다. 명절의 의미가 무엇이며 왜 명절을 지키는지 자세히 공부하게 되며 성경의 절기를 따르는 삶에 익숙해지게 됩니다.

구전 토라는 언제 배우는가?

중등학교에 들어가면서 구전 토라인 미쉬나, 미드라쉬를 배우게 됩니다. 이 구전 토라는 12학년(고등학교 3학년)이 될 때까지 계속하여 배우게 됩니다.

여기서 미드라쉬는 히니의 전설의 고향 같은 이야기로 아는 사람들이 많습니다. 그러나 그것은 오해라고 생각합니다. 성경을 배워 하나님의 뜻을 알아 하나님을 닮으려는 사람들이 성경의 가르침을 이해하기 힘든 때가 있습니다. 예를 들어 "안식일에 일하지 말라"는 구절을 읽었습니다. 이때 '일'은 어떤 일입니까? "이러한 일은 하지 말아야한다"고 가르치는 일의 목록이 있습니다. 그러나 시간이 지나면서 세상은 복잡해지기 때문에 이 목록에 빠진 것도 또한 있을 수 있습니다. 이것을 보충하며 성경을 연구하고 주석하여 전하는 것이 미드라쉬입니다.

바르게 사는 방법을 가르치는 유태인 교육법

그러므로 이 세상의 삶 속에서 어떤 일이 발생하였습니다. 그때 하나님의 뜻을 찾기 위하여 성경을 읽고 연구합니다. 그런데 성경에서 분명한 답을 찾지 못할 때 미쉬나에서 찾습니다. 그리고 미쉬나에서 답을 찾을 수 없을 때 미드라쉬로 가서 찾으려고 노력합니다. 그러므로 미드라쉬는 아주 많은 분량이 있습니다.

유태인들이 미쉬나와 미드라쉬를 철저하게 연구하며 가르치는 이유는 하나님의 말씀인 성경을 바르고 분명하게 그리고 정확하게 이해하도록 가르치기 위함이며 이것을 삶 속에서 바르게 적용하여 살게 하기 위함입니다.

물론 기독교인들도 하나님의 뜻을 찾아 말씀대로의 삶을 살기 위해 하나님의 말씀을 열심히 연구합니다. 말씀을 지식적으로 연구하는 것이 아니라 하나님이 원하시는 방법대로 삶을 살기 위하여 연구하는 것이며 하나님의 뜻이 하늘에서 이루어진 것같이 땅에서도 이루어지게 하기 위함입니다.

Jew's Method

03

유대교의 선생님 랍비

현대 유태인 랍비들도 교파에 따라 다르기는 하지만
일반적으로 랍비가 되기 위해서 일반 대학 4년을 졸업하고 난 후
석사과정과 박사 과정에 준하는 연구를 10여 년 동안 해야합니다.

3 유대교의 선생님 랍비

    회당에서 누가 성경을 가르칠까요? 성경을 가르치는 사람은 어떤 자격을 갖추어야 하나요? 그러면 성경을 가르칠 수 있는 사람의 자격이 있다면 어떤 자격이 필요할까요?
    회당에서 성경을 가르치고 미쉬나, 미드라쉬를 가르칠 수 있는 사람은 랍비뿐입니다. 물론 고등교육을 받은 평신도 전문가가 회당에서 가르치는 일을 맡기도 합니다. 그러나 아무리 교육을 많이 받은 사람이라고 하더라도 성경은 가르치지 못합니다. 왜냐하면 평신도들은 성경을 배우는 사람이지 성경을 연구하여 분석하고 해석하는 전문적인 교육을 받은 사람이 아니기 때문입니다.

바르게 사는 방법을 가르치는 **유태인 교육법**

성경에 등장하는 서기관들은 10년 동안 전문적인 연구를 하고 선생님으로부터 파송을 받아 나가면 비로소 가르치기 시작합니다. 현대 유태인 랍비들도 교파에 따라 다르기는 하지만 일반적으로 랍비가 되기 위해서 일반 대학 4년을 졸업하고 난 후 석사과정과 박사 과정에 준하는 연구를 10여 년 동안 해야합니다. 어떤 교파는 아직도 세상의 교육제도를 따르지 않기 때문에 학사, 석사, 박사학위를 주지 않습니다. 예를 들면 '예시바 대학교'는 학위가 없이 무조건 10년 동안 공부하고 나서 그 책임자가 인정을 하면 그때 랍비가 됩니다.

평신도 전문가는 성경을 제외한 다양한 과목을 회당에서 가르칩니다. 유태인의 언어, 문화, 철학, 역사, 교육 등 다양한 분야를 가르칩니다. 모든 회당은 이러한 다양한 과목을 방과 후 학교 교과목으로 만들어 가르치고 있습니다. 이러한 선생님들을 모레(남선생님) 또는 모라(여선생님)라 부릅니다. 왜 랍비라고 부르지 않을까요? 이러한 선생님들 또한 랍비로부터 끊임없이 성경을 배우기 때문입니다. 그러

03 _ 유대교의 선생님 랍비

므로 성경은 랍비만이 가르칠 수 있습니다.

  그러면 가정에서는 누가 성경을 가르칩니까? 어느 누구도 성경을 가르치지 않습니다. 가정에서 아버지와 어머니는 성경을 읽어주거나 쉽게 이야기체로 풀어 쓴 미드라쉬 하가다를 읽어줄 뿐입니다.

Jew's Method

04

유태인은 왜
유태인 교육을 하는가?

유태인이 유태인 교육을 믿는다는 말은
일반적인 학교 교육을 믿는다는 말이 아닙니다.
그들의 종교 교육, 즉 유대교 교육을 믿는다는 말입니다.

4 유태인은 왜 유태인 교육을 하는가?

일반적인 학교 교육과 유태인 교육

유태인의 교육을 공부하려면 먼저 '유태인들은 무엇을 믿는가' 하는 문제에 대해 생각해보아야 합니다. 유태인은 유대교와 유대교 교육을 믿습니다. 그렇다면 모든 유태인들이 유대교와 유대교 교육을 믿을까요? 물론 아닙니다. 세상에 있는 다양한 종교에 동화되어 세상에 흩어져 사는 유태인들은 다양한 종교로 개종하여 다양한 종교를 가지고 있습니다. 물론 얼마 안 되지만 기독교인도 있습니다. 그러나 유태인들의 기본적인 종교는 유대교이며 그것은 종교라기보다 공동체이며 삶의 본질입니다. 다시 말해서 종교가 법이며 도덕이며 삶입니다.

바르게 사는 방법을 가르치는 유태인 교육법

그 다음에 그들이 믿는 것이 유대교 교육입니다. 그러면 유대교를 믿는다고 말할 때 유태인들은 무엇을 믿는 것일까요? 물론 앞서 살펴본 대로 유일하신 하나님을 믿습니다. 유대교에서는 여호와 하나님, 구약에서 가르치는 하나님, 오실 메시아를 믿고 있습니다. 그러므로 하나님을 바로 알고 닮아 하나님의 능력을 세상에 표현하기 위하여 성경을 열심히 가르칩니다. 그 다음에 그들은 유대교의 중심인 하나님을 더 잘 알기 위해서 미쉬나, 미드라쉬 같은 것을 공부하고 연구하고 따라갑니다.

유대교를 잘 알기 위해서라는 말은 유대교는 하나님을 유일신으로 모시기 때문에 하나님을 좀 더 잘 알기 위해서 성경, 미쉬나, 미드라쉬를 연구하고 믿는다는 것입니다.

그렇다면 유대교 교육을 믿는다는 말은 무슨 뜻일까요? 이스라엘이라는 국가 내에서 행해지는 일반적인 교육을 말할까요? 전 세계 어디에서라도 유태인이 가르치는 교육을 말할까요? 유태인이 세운 학교에서 행하는 교육을 말할까요? 그렇지 않습니다.

04 _ 유태인은 왜 유태인 교육을 하는가?

유태인이 유태인 교육을 믿는다는 말은 일반적인 학교 교육을 믿는다는 말이 아닙니다. 그들의 종교 교육, 즉 유대교 교육을 믿는다는 말입니다. 그러니까 그들 자신의 완전한 독립된 교육을 따로 신봉하고 믿는다는 말인 것입니다.

유대교 교육의 본질적인 목표

유태인은 어떤 목표를 가지고 교육할까요? 유태인의 교육목표와 유대교 교육의 교육목표는 같다고 볼 수 있습니다. 왜냐하면 유대교 교육목표가 유태인의 교육목표가 되기 때문입니다. 그러므로 유태인의 교육목표를 알기 위해서는 유대교 교육목표를 알아야 합니다. 다시 말해서 유대교를 모른다면 유태인을 모르는 것이며 유대교 교육을 모른다면 유태인의 교육을 모르는 것이 됩니다.

유대교 교육에서 기본적인 목표가 무엇인지 아는 것은 아주 중요합니다. 유대교 교육의 가장 기본적인 교육 목표가 무엇이라 생각하십니까?

유대교 교육의 일차적인 교육목표는 유대교인을 만드는

바르게 사는 방법을 가르치는 **유태인 교육법**

것입니다. 어떤 사람이든지 유대교 교육을 받아 유대교인으로 만드는 것이 기본적인 목표입니다. 유태인들은 자녀들을 유대교 학교에 입학시켜 교육을 받게 하면 학교에서 유대교 교인을 만들어준다는 것을 확실하게 믿고 유대교 학교에 맡깁니다.

필자가 랍비학교에서 연구하고 있을 때의 일입니다. 하나님께서 필자에게 주신 큰 선물 두 가지가 있는데 그중 하나는 부족한 사람을 하나님의 종으로 만드는 데 사용한 제 아내이며 다른 한 선물은 하나님께서 저와 제 아내 사이에 허락하시고 맡겨주신 귀중한 보배인 아들입니다.

귀중한 보배를 유대교 학교에서 교육을 받게 하려고 필자가 다니던 랍비학교 총장님과 여러 교수님의 추천서를 받아 서류를 구비하여 들고 유대교에서 운영하는 초등학교를 찾아갔습니다.

입학을 담당하시는 선생님의 첫 번째 질문에 "아니오"라고 답하자 그 선생님은 서류를 검토하지도 않고 입학시킬 수 없다고 하였습니다.

04 _ 유태인은 왜 유태인 교육을 하는가?

그 첫 번째 질문은 "부모님께서 모두 안식일에 정기적으로 회당에 출석하실 것입니까?" 였습니다.

그러므로 당연히 저의 대답은 "아니오" 였습니다.

선생님께서 입학을 허가하지 않는 이유를 설명해 주셨습니다. 아이가 학교에서는 유대교 교육을, 집에서는 기독교 교육을 받으니 영적으로 얼마나 혼란스럽겠느냐는 것이었습니다.

아이가 바르게 자라도록 하려면 일관성 있는 교육을 시켜야한다는 것입니다. 유태인들은 학교, 가정, 회당, 유대교 공동체에서 모두 일관된 교육을 하고 있습니다. 그리고 목표 또한 분명하고 확실합니다. 그 목표는 유대교인을 만드는 것입니다.

그러나 한국의 실정은 그러하지 못합니다. 학교는 학교대로 가정은 가정대로 교회는 교회대로 사회는 사회대로 제각각 알아서 잘한다고 하는데 목표도 계획도 방법도 어디에서도 일관성을 찾기는 어렵습니다.

이러한 실정의 우리나라에서 유대교 교육 방법을 도입

바르게 사는 방법을 가르치는 **유태인 교육법**

하는 것이 과연 가능할까요? 이를 위해서는 기독교 교회가 앞장서서 하나님을 닮은 전인격적인 기독교 교육을 바르게 해 나아가야 할 것입니다.

유태인 회당에 있는 일반학교의 교육 목적

회당에 있는 학교에서는 일반적인 교육은 점심시간 전에 모두 끝나게 됩니다. 점심 식사 후에는 데이 스쿨(Day school)이라고 부르는 유태인들 자신들만을 위한 특별한 교육을 하는 시간을 가지고 있습니다. 회당학교 교육 중에 가장 중요한 것은 데이 스쿨입니다. 데이 스쿨에서는 그들만을 위한 종교 교육을 담당하고 있기 때문입니다.

데이 스쿨에서는 자기들의 언어인 히브리어, 그리고 토라(성경)를 가르칩니다. 이 토라를 가르치면서 토라에 등장하는 인물들을 통하여 사람은 누가 어떻게 무엇을 가지고 만들었으며 그 사람의 배우자는 누구이며 그 사람의 친구는 누구인지, 그리고 친구는 무엇인가를 배웁니다. 또 친구를 통해서 남자가 무엇이고 여자는 무엇인가를 알게 됩

04 _ 유태인은 왜 유태인 교육을 하는가?

니다. 그리고 왜 하나님은 사람을 남자와 여자로 만들어야 하셨는지 등 이 모든 것의 답을 성경에서 찾고 있습니다.

그러면서 나는 누구이며 왜 존재하는가, 내 친구가 왜 존재해야만 되는가, 하나님이 왜 남자와 여자를 만들었어야 하는가, 남자의 본질은 무엇이고 여자의 본질은 무엇인가를 배우며 그러한 가운데 하나님께서 세상에 수많은 남자와 여자를 만드셨는데 그 가운데 그들은 구별된 사람이요, 구별된 나라 백성이요, 하나님의 증인된 특별한 사람이라는 것을 교육합니다. 하나님을 중심으로 사는 사람은 하나님의 사람이 되며, 하나님의 아들과 딸이 되는 특권을 가진 선민이라는 것을 강조하여 가르치며 선민이라는 것에 대한 자부심을 가지도록 교육한다고 합니다. 그러므로 유태인에게 무엇을 믿느냐고 물으면 유대교와 유대교 교육을 믿는다고 자신 있게 자부심을 가지고 말합니다.

Jew's Method

05

자녀가 만나는 최초의 교육기관 '가정'

유대교 가정에서 부모는
자녀들의 부모이기 이전에 훌륭한 선생님으로서 하나님 앞에서
하나님께서 자신에게 맡겨주신 의무를 다하기 위하여 노력합니다.

5 자녀가 만나는 최초의 교육기관 '가정'

유태인 가정과 유대교 가정

어떤 가정을 유태인 가정이라 부를까요? 어떤 가정을 유대교 가정이라고 부를까요? 유태인 가정과 유대교인 가정은 완전히 다릅니다. 유태인끼리 결혼하면 유태인 가정입니다. 적어도 외관상 보기에는 틀림없이 유태인 가정입니다. 그러나 그들이 하나님을 믿지 않으면 유대교 가정은 아닙니다. 이 말은 표면상 유태인이라고 해서 유대교인은 아니라는 것입니다.

한국인이 미국으로 이민을 갔습니다. 그 가정에서 자녀가 태어났습니다. 표면상으로는 분명히 한국인입니다. 그러나 그는 외국 여행을 할 때 미국 여권을 가지고 다닙니

바르게 사는 방법을 가르치는 **유태인 교육법**

다. 분명 미국 국적자입니다. 그들은 자신의 모국어로 영어를 사용하고 밥과 김치보다는 햄버거와 스테이크를 좋아하는 것이 사실입니다. 그런데 그들이 다른 나라를 여행할 때 다른 나라 사람들은 그를 어느 나라 사람으로 볼까요? 분명 한국인이라고 생각하며 서울에서 왔느냐고 물을 것입니다. 한국인 2세들이 대학에 들어갈 때까지는 자신이 미국인인 줄 알고 있을 수도 있습니다. 그러나 그들은 자라나면서 국적은 미국이라도 한국인이라는 정체성을 가지게 되고 한국인으로 돌아올 수밖에 없는 것입니다.

마찬가지로 유태인과 유대교인은 완전히 다른 것입니다. 유태인끼리 결혼을 하면 혈통적으로 유태인 자녀가 태어나며 유태인 가정이 이루어집니다. 그러나 유대교 가정과는 다릅니다. 유대교 가정은 하나님을 중심으로 이루어진 가정이며 모든 식구가 하나님을 믿는 가정입니다. 가족 구성원 모두가 유태인이라도 하나님을 믿지 않는 사람이 한 사람이라도 있으면 그 가정은 유대교 가정이 아닙니다. 그러나 유태인이 아니라도 모든 식구가 유대교를 믿으면

05 _ 자녀가 만나는 최초의 교육기관 '가정'

그 가정은 유대교 가정입니다. 그런 가정에 속한 사람을 종교적 유태인이라 부릅니다. 그러므로 유태인이라 부를 때 혈통적 유태인이냐, 정치적 유태인이냐, 종교적 유태인이냐로 나누게 되는 것입니다.

유태인 자녀가 만나는 최초의 선생님

유태인의 교육을 말할 때도 유태인 교육과 유대교 교육을 구별해야 합니다. 유태인 교육은 특별한 것이 없으며 유대교 교육은 그들만을 위한 특별한 교육을 하기 때문입니다.

자녀가 태어나 특별한 교육을 받는 최초의 교육 기관이 가정이며 자녀가 만나는 최초의 선생님은 부모입니다. 그러므로 유대교 가정에서 태어나 유대교 교육을 받았느냐 아니냐에 따라 유태인이라도 표면적 유태인과 종교적 유태인으로 나뉘게 됩니다.

유대교 가정에서 부모는 자녀들의 부모이기 이전에 홀

바르게 사는 방법을 가르치는 유태인 교육법

륭한 선생님으로서 하나님 앞에서 하나님께서 자신에게 맡겨주신 의무를 다하기 위하여 노력합니다. 자녀에게 생명을 주었다고 부모가 아니라 자녀가 하나님 앞에서 바르게 자라며 하나님께서 그 자녀를 세상에 보내신 목적을 바르게 이루어 나가도록 인도하는 선생님으로서 의무를 다하는 부모가 참 부모라고 탈무드는 가르칩니다. 다시 말해서 아들과 딸을 태어나게 하였다고 부모가 아니라 바른 삶을 살아갈 수 있도록 일으켜 세우는 선생님이 부모라는 것입니다.

사람이 세상에 태어나 최초로 어떤 선생님을 만나느냐에 따라 그 인생이 달라질 수 있습니다.

제가 미국에 있을 때 들은 이야기입니다. 미국으로 이민 오는 사람은 공항에 누가 마중을 나와서 처음 미국 생활을 인도하느냐에 따라 미국에서의 직업이 결정된다고 하는 이야기를 들었습니다. 어디에서든지 처음 만나는 사람이 아주 중요하다는 것입니다. 다시 말하면 처음 누구의 인도함을 받느냐에 따라 인생이 달라지는 것입니다.

유대교 가정은 공동체

유대교 가정의 구성 요소를 살펴보면 단순한 가족 개념이 아니라 특별한 하나의 공동체로 보입니다. 따라서 유대교 역시 유대교 가정과 가정이 연결되어진 하나의 특별한 공동체인 큰 가정으로 보아야 합니다. 그러므로 많은 사람들이 유대교를 연구할 때 종교로 보기보다는 하나의 공동체로 보고 연구할 수밖에 없습니다.

유대교 가정이 똘똘 뭉쳐서 회당을 이루고 회당이 모여서 지역 유대교 공동체를 이루고 회당 공동체가 모여서 거대한 유대교 공동체를 이루게 되는데 이것은 큰 가정과 같은 것입니다. 그러므로 그들은 하나님을 아버지로 하여 랍비 중심으로 회당 중심으로 완전하게 하나가 될 수 있습니다. 따라서 앞에서 이미 우리가 연구한대로 하나님이 없는 가정은 유대교 가정이 아니라는 것입니다.

유태인들은 하나님을 철저하게 신뢰하고 신봉하지는 않

바르게 사는 방법을 가르치는 **유태인 교육법**

을지라도 의식은 가지고 있을 수 있습니다. 정기적으로 회당에 출석은 하지 않을지라도 매 안식일마다 금요일 오후가 되면 촛불을 켜고, 안식일을 시작하면서 특별한 그릇에 특별한 음식을 담아 먹고 마시는 의식은 행하는 것을 볼 수 있습니다. 그런 사람들도 형식적으로는 철저하게 하나님을 인정하고 하나님을 중심의 자리에 위치시키고 살아가고 있다는 것을 알 수 있습니다.

유태인에게는 유대교가 가정의 중심입니다. 유대교는 유태인의 가정 구성요소 중에서 가장 핵심적인 부분을 차지하고 있습니다. 그렇게 때문에 이 가정을 구성하는 부모, 자식 모든 식구가 있다고 하더라도 가정을 이루고 있는 집안 식구들이 함께 유대교를 믿지 않는다고 하면 그 가정은 유대교 가정이 될 수 없는 것입니다. 그러므로 유대교 가정이라 부르지 않습니다. 즉 가정을 구성하고 있는 요소인 구성원이 모두 유대교인이 아니면 그 가정은 사전적 의미에서 가정일지는 몰라도 유대교 가정은 아닙니다.

그러나 혈통적 유태인 가정은 다르게 볼 수 있습니다. 남

05 _ 자녀가 만나는 최초의 교육기관 '가정'

자는 유태인이고 여자는 한국 사람이라고 할 경우 그 사이에서 태어나는 아이는 유태인이 아닙니다. 그러한 가정이 유대교 가정이 되려면 어머니가 먼저 유대교를 믿고 아이에게 유대교 교육을 하여 유대교 교인이 되면 그때 종교적 유대교 가정이 될 수 있습니다.

또한 어머니 아버지가 모두 유태인이면 그 사이에서 태어난 아이는 혈통적으로 유태인입니다. 그러나 그 가족 구성원이 유대교를 믿지 않으면 그 가정 또한 유대교 가정이 아니며 종교적 유태인은 아닙니다. 그러니까 유태인 가정에서 가장 중요한 부분을 차지하는 것은 유대교입니다.

그렇다면 우리 기독교 가정은 어떤가요? 한 번 깊이 들여다보며 곰곰이 생각해 볼 필요가 있다고 생각합니다.

바르게 사는 방법을 가르치는 **유태인 교육법**

유대교 가정이 자녀에게 가지는 하나님을 향한 첫 번째 의무

유대교 가정에서 '무엇을 어떻게 가르치느냐' 하는 것은 매우 중요합니다. 유대교 가정에서 가르치는 것 가운데 가장 크고 중요한 것은 하나님의 말씀입니다.

가정에 자녀가 태어났습니다. 아이가 말을 알아들을 수 없으며 말을 할 수 없습니다. 아이가 말을 하고 알아들을 수 있을 때까지는 가정에서 유태인이 행하는 유대교 전통을 보여주는 것을 통해 가르칩니다. 그러므로 아이는 먼저 유태인의 전통에 익숙해지는 것입니다. 전통에 익숙하다 보니 하나님 말씀인 토라에 익숙하게 되고 그 토라의 말씀을 통해서 자기 자신을 발견하게 되는 것입니다.

유대교는 한 가정에서 자라나는 아이의 영적인 젖줄이 됩니다. 그렇다면 가정에서 유대교의 전통을 완전하게 가르칠 수 있을까요? 혹시 가르칠 수 있다고 하더라도 아이가 '우리 집만 이러한 것을 행하는 것이 아닐까' 라고 생각

05 _ 자녀가 만나는 최초의 교육기관 '가정'

할 수 있습니다. 가정에서 홀로 가르치는 것은 충분하지 못할 뿐만 아니라 충분하다고 하더라도 다른 가정과 공동체를 이루며 다른 가정에서도 우리 집에서 행하는 것과 같은 것을 행하고 있다는 것을 보여주어야 합니다.

이를 위해서 그들은 유태인의 전통이 자기 집에서만 행하는 특별한 것이 아니라 모든 가정에서 다 그렇게 행하고 있다는 것을 가르치기 위하여 회당으로 모입니다. 그러나 이것이 회당에 모이는 첫 번째 이유는 아닙니다. 회당에서는 토라와 유태인의 전통을 매일 그리고 안식일에 가르칩니다.

유대교의 교육 중에 매우 중요한 역할을 하는 것이 캠프 레마입니다. 캠프 레마에는 아이들이 걸을 수 있고 대소변을 가려 스스로 화장실에 갈 수 있으면 바로 그때 보냅니다. 이르면 보통 18개월짜리가 보내지기도 합니다.

기간은 길게는 2개월의 과정도 있습니다. 캠프에서 토라를 가르치기 시작하며, 선택받은 민족 이스라엘 나라에 대해서, 히브리어, 친구, 스포츠, 인간의 존재 등에 대해서도

바르게 사는 방법을 가르치는 **유태인 교육법**

가르칩니다. 또한 캠프에서는 이 세상에서 인생을 살아가는 데 엄마나 아빠보다 더 중요한 분이 계시는데 그분이 바로 하나님이라는 것을 가르칩니다. 그러니까 이 캠프 레마에 다녀오면 지금까지 부모들이 행하던 유태인의 전통에 적극적으로 참여하게 되는 것입니다. 세상을 살아가는 데 나의 삶과 나의 과거 현재 미래를 주관하시는 분이 하나님이라는 것을 캠프에서 철저하게 가르치는 것입니다. 이렇게 캠프 레마에 다녀오고 나면 어린 아이들이지만 자신이 성장하고 자라는 데 필요한 영양소가 무엇인가 하는 것을 깨닫는다고 합니다. 대단한 일입니다. 앞으로 이 세상을 살아가는 데 있어 하나님이 모든 것을 공급해주시며 베푸시는 가장 큰 힘이라는 것을 알게 되는 것입니다.

캠프에서 배우는 모든 것이 중요합니다. 하나님을 사랑하는 표현이 기도이고, 말씀을 연구하는 것이고, 경건한 생활이라는 것을 이때부터 배우게 되는 것입니다. 이런 캠프 레마에 다섯 살이 되기까지 매년 보냅니다. 이렇게 일 년에 두 달씩 캠프에 들어가서 훈련을 받고 나면 정말 확실한

05 _ 자녀가 만나는 최초의 교육기관 '가정'

유대교인이 되는 것입니다.

캠프 레마에 들어가는 데 비용은 얼마나 들겠습니까? 어마어마할 것입니다. 어린 아이들을 모았기 때문에 아이들보다 선생님의 숫자가 몇 배는 많아야 할 것입니다. 그러나 모든 비용은 공동체에서 부담하기 때문에 보내기만 하면 됩니다.

유대교 가정에서는 어린이를 왜 캠프에 보내는가?

첫째, 캠프는 하나님과 자신과의 관계를 배우는 장소가 됩니다. 캠프 레마에 들어갔을 때 처음 가르치는 것이 무엇입니까? 제일 먼저 기도하는 것을 가르치는데, 기도를 가르치기 위해서 하나님을 가르치고 하나님을 가르쳐 나를 알게 하고 나를 알아 하나님과 나와의 관계를 알도록 인도합니다.

이런 어린 아이에게 가르칠 때라도 '하나님은 너보다 중

바르게 사는 방법을 가르치는 유태인 교육법

요한 분이시다'라는 것을 가르치려고 노력합니다. 다시 말해서 '너는 없어도 되지만 하나님은 없으면 안 된다'는 것을 제일 먼저 가르치는 것입니다. 그리고 하나님이 존재하시기 때문에 내가 존재한다는 것을 가르치는 것입니다. 그러니까 하나님이 없는 나는 생각할 수도 없다는 것입니다.

그러면 하나님과 나와의 관계는 어떻다는 것입니까? '하나'라는 것입니다. 이 말은 어떻게 들으면 매우 교만한 말이지만 그들이 말하는 것은 자신을 바르게 보는 사람이 하나님을 볼 수 있다는 것입니다. 하나님이 내 속에 살아서 역사하고 계신다는 것을 알아야 합니다. 나는 아무것도 아니므로 없어졌고, 이제는 하나님만이 남아서 나를 통해서 보인다는 것입니다. 그래서 하나님과 나는 하나라는 것입니다. 떼려야 뗄 수 없는 사이인 것입니다.

이렇게 하나님과 나의 관계가 밀착되어 있고, 확실하게 하나 되어 있으면 캠프를 나와서도 가정 밖에 나와서도 회당 밖에서 살아갈 때도 어디에 있을지라도 하나님을 떠나라고 사정사정해도 떠날 수가 없는 것입니다. 그러므로 철저하게 하나님을 떠날 수 없는 사람으로 만들어간다는 것입니다.

둘째, 캠프는 하나님과의 관계를 유지하는 방법을 배우는 장소가 됩니다. 캠프에서는 하나님과 나와의 관계를 가르친 다음 기도를 가르칩니다. 기독교 교회에서는 기도를 다음과 같이 가르칩니다. "기도란 우리의 아버지 하나님께 성령 하나님을 의지하여 성자 예수 그리스도의 이름으로 우리의 영적이고 육적인 것의 필요한 것을 고해바치는 것이다(소요리 문답 제 98문)."

그러면 유대교에서 말하는 기도는 무엇입니까? 유대교인들은 적어도 하루에 한 번 정한 시간에 마음으로 기도하는 사람들입니다. 여기서 마음으로 기도한다는 말은 하나님의 뜻을 찾는 기도를 한다는 것입니다.

기독교인들은 하나님의 뜻을 돌이킬 수 있는 길은 기도밖에 없다고 하여 내 뜻을 정해 놓고 억지를 쓰는 것이 기

바르게 사는 방법을 가르치는 **유태인 교육법**

도인 것으로 잘못 이해하는 경우가 있습니다. 그러나 유태인들은 기도문이 있어 기도문을 사용하여 기도하는 경우가 많습니다.

그런데 이 기도를 가르치는 사람이 누구입니까? 바로 그의 부모인 것입니다. 기도의 선생님은 바로 그들의 부모라는 것을 아는 것은 유대교 가정을 이해하는 데 반드시 필요합니다. 부모가 매일 기도하는 것을 보니까 그 아이도 기도하는 것이 자연스럽습니다. 기도하는 부모님의 모습을 보면서 그 자녀들은 기도하는 습관을 배우고, 기도하게 되는 것입니다.

그들은 이렇게 자녀들이 기도하는 습관을 갖도록 하면서 왜 기도하는가를 부지런히 가르칩니다. 또한 왜 그런 기도문을 암송해야 하는지, 기도의 목적이 무엇인지, 그 기도들이 어떤 좋은 것을 하게 만드는지 가르칩니다. 아이들에게 기도하는 습관을 가르친 뒤에는 부모들이 그의 자녀들 뒤에서 어떤 화를 내는 사건이 있을 수 있는가를 묻습니다.

아이에게 열심히 기도를 가르치며 우리 자신도 열심히 기도합니다. 그런데 그런 다음 우리의 자녀들에게 화내고 짜증내고 불평한다면 그때 자녀들은 생각할 것입니다. '하나님을 향한 우리 부모님의 기도가 무슨 좋은 것을 만드느냐?'

우리가 '왜 기도하느냐'라고 할 때 이것은 개인적으로도 매우 중요한 문제입니다. 그리고 유대교가 무엇이라는 것을 이해하는 데도 기도는 매우 중요합니다. 그리고 기도는 유대교에서만 하는 것이 아니고 기독교나 다른 종교에서도 실천적인 삶의 중심이 되는 것입니다. 다시 말해서 기도란 하나님을 믿는다고 말할 때 하나님을 믿는 사람으로서 실천적인 삶 자체를 연습하는 훈련입니다. 그러므로 기도하지 않으면서 종교적인 사람이라고 말하는 것은 거짓이라고 유대교는 가르칩니다. 그래서 매일매일 회당에 가서 기도하는 것을 당연하게 여기며 하나님과 함께하는 즐거움을 누린다고 합니다.

바르게 사는 방법을 가르치는 **유태인 교육법**

유대교인들은 타 종교인들을 가리켜 기도하러 가는 것이 아니라 예배에 참여하러 가는 경우가 많다고 말하는 것을 쉽게 들을 수 있습니다. 그런데 이 사람들은 매일매일 모일 수 있는 몇몇이 모여서 같이 기도합니다. 그리고 안식일이나 공휴일에는 더 많이 모여서 기도하고, 어떤 특별한 날에는 그 회당에 출석하는 거의 모든 사람이 모여서 기도합니다. 여기서 특별한 날이란 바로 그들의 절기들을 말합니다.

이들은 기도하러 모인다고 하면 오로지 기도하기 위해서 모이는 것이지 다른 것은 하지 않습니다. 유태인들은 말하기를 자신들의 종교, 유대교가 기독교나 다른 종교에게 정기적으로 기도하는 것을 가르쳐 주었다고 자부심을 가지고 말합니다.

셋째, 캠프는 기도를 배우는 장소가 됩니다. 유대교는 모든 종교들이 기도하는데 그 기도라는 것이 무엇이고, 기도의 목적이 무엇이고, 기도의 성취가 무엇인가를 연구해야

05 _ 자녀가 만나는 최초의 교육기관 '가정'

한다고 말합니다. 그러면 왜 모든 종교가 자신들이 믿는 신에게 기도할까요? 유대교인들이 정기적으로 기도하는 이유는 무엇일까요?

신명기 4장 29절에 "그러나 네가 거기서 네 하나님 여호와를 구하게 되리니 만일 마음을 다하고 성품을 다하여 그를 구하면 만나리라"고 했습니다. 기도의 목적은 주 여호와 하나님을 찾아서 만나는 것입니다.

그러면 의문이 일어납니다. 하나님은 모든 장소 어디에나 안 계신 곳이 없으십니다. 그런데 왜 가까이 찾아가야 합니까?

유대교에는 『하나님에 관해서 물었을 때』라는 책이 있습니다. 그 책에 101가지 질문이 있습니다. 그 질문 가운데 한 질문이 "하나님은 모든 곳에 계시는데 우리가 왜 기도해서 찾아야 하는가?" 라는 질문입니다. 그 질문에 대하여 랍비가 답을 하는 것을 읽을 수 있습니다.

"우리는 부모님을 사랑합니다. 그렇기 때문에 우리 부모

바르게 사는 방법을 가르치는 **유태인 교육법**

님은 항상 우리 마음속에 계십니다. 그런데 우리가 캠프에 가 있을 때 부모님을 사랑한다는 것을 어떻게 표현할 수 있습니까? 이러한 질문에 아이들은 '편지를 쓰거나 전화를 한다' 고 할 것입니다. 그러나 편지나 전화를 하지 않고 사랑하는 사람과 떨어져 있을 수 있느냐는 질문에는 '있을 수 없다' 고 할 것입니다. 그러므로 하나님은 아니 계신 곳이 없지만, 우리가 하나님을 찾아서 자꾸 부르고 기도하는 것은 어머니나 아버지에게 전화를 하거나 편지를 쓰는 것과 같은 것입니다. 이렇게 전화를 하거나 편지를 쓰면서 부모님을 생각하듯이 기도할 때 하나님을 기억하고 하나님과 더 가까이 있으려고 해야 합니다."

그러므로 하나님은 아니 계신 곳이 없지만 기도를 통해서 우리 가까이 계시는 것을 알도록, 느끼도록 해주는 것이라는 말입니다.

하나님을 경험하는 장소에서 배우는 기도의 목적 1

하나님은 언제나 어디에서나 우리와 함께 계십니다. 그

러나 우리가 육체적으로 하나님의 존재 앞에 있다는 것을 나타낼 수 없습니다. 그것은 하나님은 보이지 않으시기 때문입니다. 다시 말해서 보이지는 않지만 분명히 살아계시는 하나님 앞에 우리가 육체적으로 나타날 수는 없는 것입니다. 시편 기자는 하나님이 우리와 함께 계시다는 것을 다음과 같이 노래하고 있습니다.

> 내가 주의 신을 떠나 어디로 가며
> 주의 앞에서 어디로 피하리이까?
> 내가 하늘에 올라갈지라도 거기 계시며
> 음부에 내 자리를 펼지라도 거기 계시나이다(시 139:7, 8)
> 주에게서는 흑암이 숨기지 못하며
> 밤이 낮과 같이 비취나니
> 주에게는 흑암과 빛이 일반이나이다(시 139:12)

이 말씀은 하나님은 우리와 멀리 떨어져 계실 수 없는 분이시라는 것을 느끼게 해줍니다. 그리고 우리는 이와 같은 사실을 먼저 느끼고 아이들에게 가르쳐야 합니다. 하나님

바르게 사는 방법을 가르치는 **유태인 교육법**

은 언제나 우리와 함께하실 수 있고, 우리와 멀리 떨어져서는 존재하실 수 없는 분이라는 것입니다.

그러나 우리는 하나님으로부터 멀리 있을 수 있다는 것을 가르쳐야 됩니다. 그것은 우리가 만약 하나님을 생각하지 않는다면, 우리의 입술 위에 하나님의 이름을 두지 않는다면, 우리의 마음속에 하나님의 말씀을 두고 있지 않다면, 우리는 하나님을 향해서 기도할 수가 없습니다.

우리가 기도할 수 없게 되면 하나님은 우리와 너무나 멀리 계시게 됩니다. 하나님은 우리와 함께 계시지만 우리가 하나님과 멀게 느껴지는 것은 우리 자신 때문입니다.

그러므로 유태인들에게 "왜 기도하느냐"고 물으면 "나는 하나님을 생각하기 때문에 기도하며 하나님 앞으로 나아가기 위하여 기도한다"고 합니다. 따라서 그들의 기도의 목적은 하나님 앞으로 더 가까이 나아가기 위한 것입니다. 하나님 앞으로 나아가 하나님의 마음이 자신의 마음을 점령할 수 있도록 하기 위하여 순간순간 기도할 수밖에 없다고 그들은 가르칩니다.

05 _ 자녀가 만나는 최초의 교육기관 '가정'

시편 145편 18절 말씀에 "여호와께서는 자기에게 간구하는 모든 자 곧 진실하게 간구하는 모든 자에게 가까이 하시는도다"라고 했습니다. 하나님은 언제나 우리와 함께하시기를 원하십니다. 언제 어디서나 우리와 함께하시기를 원하시는 하나님 앞으로 기도하며 나아가야 합니다.

하나님을 경험하는 장소에서 배우는 기도의 목적 2

유태인들은 "하나님께서 사람의 생각을 알고 계시기 때문에 하나님 앞에서 기도할 때에 자신의 생각을 알 수가 있다. 그렇기 때문에 우리는 기도한다"고 말합니다.

또한 시편 94편 11절에 "여호와께서 사람의 생각이 허무함을 아시느니라"고 말하고 있습니다. 사람의 생각이 악하면 그 악한 생각 속에서 고상한 행동이 나올 수가 없다는 이야기입니다.

그러나 사람의 양심이 악할지라도 어떤 외부적인 환경에 의해서 필요에 따라 악한 양심을 감추고 고상한 행동을 할 수도 있습니다. 그러면 이 외부적인 환경이란 무엇입니

바르게 사는 방법을 가르치는 **유태인 교육법**

까? 그로 하여금 자기가 현재의 위치보다 좀 더 나은 위치로 올라갈 수 있다고 생각이 될 때, 자신의 악한 양심은 감추고 고상한 행동을 해서 앞에 앉아 있는 사람에게 잘 보일 수도 있다는 것입니다. 아니면 어떻게 행동하는 것이 나에게 유리하겠다고 생각될 때 고상한 행동을 할 수도 있습니다.

외부적으로 나타나는 환경에서, 자기의 어떤 상황적인 입장에서 '내가 이렇게 하는 것이 좋겠다' 고 생각하여 가면을 쓰고 악을 슬며시 감추고 고상한 행동을 할 수도 있는 것이 사실입니다. 그러나 과연 인간의 내면과 외면에서 나타나는 행동이 다를 수 있느냐 하는 것입니다. 하나님을 믿는 사람은 내적인 면과 외적인 면이 분명히 같아야 합니다. 그러므로 우리의 내적인 면과 외적인 면이 같도록 하기 위해서는 매우 신경을 써야 합니다.

내면적인 것이 나쁘면 외면적인 것도 나쁘게 마련입니다. 그러므로 내면이 좋으면 외면도 좋게 마련입니다. 내

05 _ 자녀가 만나는 최초의 교육기관 '가정'

적 사상과 외부적인 행동, 행위가 조화를 이룰 때 고상한 인격이 형성될 수가 있는 것입니다.

이렇게 내적인 사상과 외부적인 행동을 고상한 인격으로 바꾸려면 인간의 생각은 허무하고 악한 것이라는 사실을 알아야 한다고 합니다. 자신을 바르게 알면 바꿀 수 있다는 것입니다.

그렇다면 이 생각을 어떻게 바꿀 수 있느냐 하는 것이 문제입니다. 이 생각을 바꾸는 방법이 바로 기도라고 유태인들은 가르칩니다. 유태인들은 기도를 통해서만이 인간의 내면을 바꿀 수 있다고 가르치고 있습니다. 그들은 기도를 통해서 생각을 하나님 생각으로 충만하게 채울 수 있으며, 하나님을 생각하므로 하나님께로 가까이 갈 수 있고, 하나님께 가까이 감으로 말미암아 나는 아무것도 아니라는 것, 나의 생각은 악하고 더럽다는 것을 깨닫게 된다는 것입니다. 그래서 나의 모든 생각을 하나님 앞에 내어 맡김으로써 나의 내면적인 사상이 변화될 수 있다는 것을 가르치고 있습니다. 그래서 그들은 기도를 통해서 인간의 생각이 바뀌기 때문에, 인간의 내면을 변화시키기 위해서 어릴 때부터 기도를 가르칩니다.

자주 기도할수록 하나님께 더 자주 나아가게 되고, 그렇게 할 때에 자신의 내면에서 하나님이 찾으시는 부끄러움이 없는 생각을 가질 수 있게 된다는 것입니다. 그래서 하나님께서 찾으시는 부끄러움이 없는 생각이 자신에게 있을 때만이 자신의 기도에 응답이 온다는 것이며 자신의 생각과 사상이 변하게 된다는 것입니다.

그러므로 시편 기자는 마음에 죄악을 품으면 하나님께서 그 기도를 듣지 않으신다고 말하고 있습니다. 그러니까 하나님이 찾으시는 부끄러움이 없는 생각으로 우리가 하나님 앞에서 낮아지고 겸손하게 되면 우리의 기도가 하나님께로 상달된다는 것입니다. 그래서 기도는 진정한 진실성을 창조하는 것이라고 유태인들은 가르치고 있습니다. "너는 기도를 통해서 진실해지고, 신실해져야 한다." 이것이 유태인들이 제일 먼저 기도를 가르치는 또 하나의 이유인 것입니다.

시편 139편 23절에 보면 "하나님이여 나를 살피사 내 마음을 아시며 나를 시험하사 내 뜻을 아옵소서"라고 기록하고 있습니다. 그러므로 피조물인 사람은 창조주 하나님 앞에 날마다 자신의 마음을 토로하고, 마음을 살피시는 하나님 앞으로 기도로 나아갈 때 마음이 바뀔 수 있다는 것입니다.

하나님을 경험하는 장소에서 배우는 기도의 목적 3

하나님은 기도를 통해서 소원을 들어주시는 하나님이시라는 것을 배우게 됩니다. 기도를 통해서 자신의 소원을 들어주시는 하나님이시기 때문에 피조물인 사람이 하나님 앞에 나아가 기도해야 하는데, 하나님의 뜻을 찾아 자신의 뜻을 하나님의 뜻으로 바꾸어 기도하는 사람을 하나님께서는 기뻐하시며 응답하시기 때문에 어릴 때부터 기도를 가르쳐야 한다는 것입니다.

바르게 사는 방법을 가르치는 **유태인 교육법**

시편 37편 4절에 "또 여호와를 기뻐하라 저가 내 마음의 소원을 이루어 주시리로다"라고 기록하고 있습니다. 사람의 마음의 소원을 이루어주신다고 했는데, 각각의 개성이나 자신의 생각에 의해서 형성되어진 인격은 모두 다릅니다. 그리고 자신이 원하는 것과 생각이 자신의 삶을 지배한다고 세상 사람들은 가르칩니다.

그러나 사람을 창조하신 하나님 앞으로 나아가면 하나님께서 정한 마음을 주시고 정직한 영을 주사 하나님께서 원하시는 바를 마음에 새겨 하나님이 기뻐하시는 일을 찾아 이루려는 마음의 소원을 주시므로 그 마음의 소원이 하나님께서 기뻐하시는 것이기에 온전히 이루어주신다는 것입니다.

기도를 통해서 우리 마음의 소원이 이루어지고 하나님의 거룩함으로, 고귀함으로, 순수함으로, 깨끗함으로 가까워지게 되는 것입니다. 그래서 하나님과 가까워지기 때문에 하나님을 더 많이 닮으려고 기도한다는 것입니다.

시편 24편 3, 4절에 "여호와의 산에 오를 자 누구며 그 거룩한 곳에 설 자가 누군고 곧 손이 깨끗하며 마음이 청결하며 뜻을 허탄한 데 두지 아니하며 거짓 맹세치 아니하는 자로다"라고 했습니다.

사람은 기도를 통해서 하나님이 원하시는 마음을 소유할 수가 있다는 것입니다. 그래서 유태인들은 어린아이 때부터 기도를 가르치기 위하여 노력합니다.

하나님을 경험하는 장소에서 배우는 기도의 목적 4

유태인이 자녀들에게 어릴 때부터 열심히 기도를 가르치는 이유는 하나님께서 기도하는 사람과 함께하시며 도와주시기 때문입니다. 다시 말해서 하나님으로부터 오는 도움의 통로가 기도라는 것입니다.

이 세상에 사는 어린 자녀들은 아버지가 자신들보다 더 많이 알고 더 확실하게 안다고 생각하고 있습니다. 그래서 자녀들이 무엇을 원할 때 아버지는 줄 수도 있고, 반대로 주지 않을 수도 있다는 것을 압니다.

바르게 사는 방법을 가르치는 **유태인 교육법**

마찬가지로 하나님 아버지께서는 우리의 생각과 마음은 물론 우리의 모든 것을 완벽하게 아시는 분이시기 때문에 우리에게 그것이 있어야 할 것인지, 없어도 될 것인지를 누구보다 더 잘 아십니다.

그래서 그저 하나님 앞에 맡겨 놓고 "하나님이여 내가 무엇을 어떻게 하기를 원하시나이까?" 라고 이야기할 때, "하나님이여 언제 내가 그 일을 하기를 원하시나이까?" 하고 하나님께 맡길 때 하나님으로부터 도움이 온다는 것입니다. 이것을 가르치기 위해서 그들은 기도를 가르친다고 합니다.

만물의 창조주이신 하나님께서는 어떤 것이 기도하는 자녀에게 가장 필요하며 유익한지 아시기 때문에 그에 맞게 응답하신다는 것입니다. 기도의 응답은 100퍼센트 나타나는데 하나님의 뜻에 따라, 하나님이 보시기에 가장 좋은 대로 응답하신다는 것을 알아야 합니다.

하나님께서 요나에게 니느웨 성으로 가라고 했을 때 요나는 죽어도 가기 싫었습니다. 그리고 바닷가에 나갔을 때

05 _ 자녀가 만나는 최초의 교육기관 '가정'

다시스로 가는 배가 기다리고 있어 그 배를 타고 말았습니다. 가보니 배가 있더라는 것입니다.

모든 주어지는 환경이 하나님이 그렇게 만들어 놓은 것처럼 보이고 느껴질 때가 있습니다. 사람들이 오해할 수밖에 없도록 만드는 일들이 너무 많이 있습니다.

요나는 다시스로 가는 배를 타면서 계속해서 내려가는 인생이 되었습니다. 위대한 선지자 요나는 왜 계속하여 내러가는 인생이 되었습니까? 요나서 1장에 보면 기도하는 요나의 모습을 찾아볼 수가 없습니다. 위기의 상황 속에서조차 기도하지 않는 요나의 모습을 보게 됩니다.

우리는 하나님이 어떤 것을 요구하시는지를 정확하게 알아야 합니다. 유태인들은 하나님은 우리에게 좋은 것으로, 복이 되는 것으로, 꼭 필요한 것으로 응답하신다고 말합니다. 그런데 그렇게 도우심으로, 하나님의 복으로 응답을 하시는데 하나님께서 우리에게 응답하시는 그 방법은 우리가 말할 수 없다고 합니다. 왜냐하면 그것은 하나님만이 아시는 것이기 때문입니다. 그러면 무엇을 아느냐고 물

바르게 사는 방법을 가르치는 유태인 교육법

으면 대답하기를 "하나님은 나의 주인이시고, 하나님은 나의 모든 것이다. 나는 아무것도 아니다. 그렇기 때문에 하나님은 나에게 모든 것을 완벽하게 주신다"는 것 외에는 모른다고 합니다.

유태인들이 아주 좋아하는 말이 무엇인지 아십니까?

"나는 당신의 백성이고, 당신은 나의 왕이십니다.
나는 당신의 어린 아이입니다. 당신은 나의 아버지입니다.
나는 당신의 양입니다. 당신은 나의 목자입니다.
나는 포도나무요 당신은 지키는 자입니다.
나는 당신의 사랑을 받은 자요,
당신은 나를 사랑하는 자입니다."

기독교인이나 천주교인, 안식일 교인 등 모두가 하나님을 사랑한다고 말합니다. 그러나 이런 말들보다는 '나는 하나님의 사랑을 받은 자' 라는 말이 훨씬 더 좋다고 생각되지 않습니까? 사람들이 진정 하나님의 사랑을 덧입었다는 것을 아는 때는 기도를 통해서 하나님이 우리의 필요를 안성맞춤으로 도와주시는 것을 느끼고 체험했을 때입니다. 그때 사람들은 하나님 앞으로 점점 더 가까이 갈 수가 있는 것입니다. 때문에 이스라엘 사람들은 가능한 빨리 자녀들에게 하나님 앞에 서는 방법인 기도를 가르치려고 노력합니다.

유대교 문헌에 나타난 유대교 교육의 원리

유대교에서 교과서로 사용하는 성경과 그들의 문헌인 미쉬나, 게마라, 미드라쉬 그리고 탈무드에 나타나는 유대교 교육의 중심 원리는 다음과 같습니다.

첫째, 연구하고 공부하고 배우는 것은 하나님을 향한 의무이며 생애의 본질이다.
둘째, 개개인의 인격은 교육에 의해서 향상될 수 있다.
셋째, 배우는 것은 실천을 위한 것이다. 배움과 삶은 분리될 수 없다.

바르게 사는 방법을 가르치는 **유태인 교육법**

넷째, 교육은 끝이 없다(요람에서 무덤까지 계속하여야 한다).
다섯째, 교육은 사회와 공동체를 위한 것이다. 자기 자신만을 위한 것이 아니다.
여섯째, 교육은 아주 어릴 때부터 시작하여야 한다.
일곱째, 학생의 달란트를 발견하는 교육을 해야 한다. 개개인의 능력을 발견하여 개발하는 교육을 하여야 한다.
여덟째, 교육은 가정과 회당과 유대교 공동체에 의존하여야 한다.

Jew's Method

06

유태인의
교육의 중심은
하나님

토라가 없는 곳에는 삶이 없다.
그리고 삶이 없는 곳에는 토라가 없는 것이다.

6 유태인의 교육의 중심은 하나님

선생님이 있어야 하는 이유

유태인 교육은 다른 나라의 교육과 별다를 것이 없다는 것을 우리는 잘 알고 있습니다. 그러나 유태인을 유태인 되게 하며 세계인 되게 하는 것은 그들의 종교교육이라는 것을 우리는 잘 알고 있습니다.

그들의 종교가 무엇입니까? 하나님 중심, 회당 중심, 랍비 중심의 종교인 유대교입니다. 그러므로 그들의 종교교육이라고 말할 때 그 교육은 유대교 교육을 말하는 것입니다. 그러면 유태인을 유태인 되게 만드는 것이 유대교 교육이므로 이제 우리는 유대교 교육이 무엇이며 유대교 교육의 원리와 철학이 무엇인가를 연구하여야 합니다.

바르게 사는 방법을 가르치는 **유태인 교육법**

필자가 랍비학교에서 공부할 때, 유대교 랍비가 이러한 말을 하는 것을 들었습니다.

"유대교 랍비들과 기독교의 목사님들과 천주교의 신부님들, 그리고 불교의 스님들을 비교해 볼 때 어느 누구도 랍비들만큼 경건하게 살지 못하는 것 같습니다. 이 세상의 어떤 선생님들도 랍비들처럼 학생들을 사랑하고 학생들의 편에 서서 생각하는 선생님들은 없을 것입니다."

그 말을 듣는 순간 '그렇구나!' 하고 생각하게 되었습니다.

'나는 과연 내가 가르치는 학생들을 얼마나 사랑하는가?
내가 가르치는 가장 기본적인 원리와 기초는 사랑인가?
억지로 하는 의무감인가?
무슨 목표를 가지고 학생들 앞에 서는가?
내 앞에 있는 학생은 나의 학생이 아니라 하나님께서 사랑하시는 하나님의 자녀라는 것을 인식하고 학생들 앞에 서는가?
무엇을 가르치든지 하나님께서 그 자녀를 세상에 보내신 하나님의 목적을 이룰 수 있는 사람으로 교육하는가?

06 _ 유태인의 교육의 중심은 하나님

하나님의 마음으로 진정 학생들을 사랑하는가?'

랍비학교에서 공부할 때였습니다. 하루는 랍비가 나에게 자신의 연구실로 오라고 해서 아무 영문도 모르고 문을 노크하고 들어갔습니다. 이미 연구실에 한 선배 학생이 와 있었습니다. 랍비가 왜 오라고 했는지 설명했습니다.

"코헨 변(변 목사 : 코헨은 제사장이나 현대 목사님을 부를 때도 사용합니다), 나는 코헨 변을 아주 많이 사랑한다네. 내가 가르치고 있는 '히브리어 시 문학' 과목이 어렵다는 것을 나는 잘 안다네. 코헨 변이 잘하고 있는데 그래도 자네를 도울 사람이 있다면 지금보다 훨씬 시간을 적게 들이고 잘 할 것이라고 생각하여 자네를 도울 사람을 찾았네. 자네에게 물어보지 않고 이런 결정을 내려서 미안하네. 하나님의 아들이며 하나님의 종인 자네를 사랑하기 때문이라네. 시간을 잘 맞추어서 깊이 연구해 보지 않겠나?

자네 선배가 하는 수고의 대가는 학교에서 지불한다네.

바르게 사는 방법을 가르치는 **유태인 교육법**

아무 염려하지 말고 함께 마음껏 연구하기를 바라네."

랍비는 내가 어느 정도의 수준인지, 어떻게 도와주면 잘할 수 있는지를 알고 도와주기 위하여 이미 모든 것을 계획하고 저를 불렀던 것입니다.

이처럼 모든 랍비들이 학생들을 너무너무 사랑하는 것을 보고 놀랐습니다. 그들은 하나님의 마음을 가지고 학생을 사랑하면서 "선생님이 존재하는 이유는 학생으로 하여금 알게 하는 것이지!"라고 말합니다.

'배운다'는 말과 '가르친다'는 말

'배운다'는 단어는 히브리어로 '라마드(למד)'입니다. '배운다'는 말은 '새로운 것을 경험하여 알게 된다'는 말이며, '안다'는 말은 '닮는다'는 말이며, '닮는다'는 말은 '표현하여 나타낸다'는 말입니다. 하나님을 배워 안다는 말은, 하나님을 닮아 하나님의 형상을 회복하여, 하나님의 사람으로 살아간다는 말입니다.

그리고 '가르친다'는 말은 히브리어로 '리메이드'인데 배운다는 말과 어원이 같은 단어입니다. 히브리어는 단순형과 강조형이 있는데, 단순형은 일반적인 말입니다. 예를 들어 보면 '부수다'는 단순형이며, '잘게 부수다' 또는 '가루로 만들다'는 단어는 강조형입니다. 다시 말해서 '깨뜨리다'라는 말을 단순형으로 쓰면 '부수다' 이고 강조형으로 쓰면 '잘게 부수다'는 의미가 된다는 말입니다.

마찬 가지로 '배운다'는 말은 단순형입니다. 이 단어를 강조형으로 쓰면 '배우고 배우고 배운다'는 의미가 됩니다. 그러므로 '가르치다'는 말은 계속하여 배운다는 의미를 가지고 있는 것입니다.

다시 말해서 많이 배운다는 말이 가르친다는 말이며, 가르치기 위하여 더 많이 연구하고 배워야 한다는 것입니다. 더 많이 배운다는 말은 배우는 모습을 보여준다는 의미입니다. 그러므로 가르친다는 말은 학생들에게 보여준다는

바르게 사는 방법을 가르치는 **유태인 교육법**

의미로, 보여주어서 따라오게 하는 것이 가르치다는 의미인 것입니다.

신명기 6장 4~9절은 유대교 교육 헌장으로 4~6절은 교육의 내용을 말하며, 7~9절은 교육의 방법을 말합니다.

7절을 자세히 연구해보면 "네 자녀에게 부지런히 가르치며"라고 기록하고 있습니다. 이 말씀은 앞에서 가르친 교육의 내용을 너의 자녀들에게 최선을 다하여 보여주어 따라하도록 하라는 말씀입니다. 입으로, 말로, 지식으로 가르치라는 말이 아닙니다. 어머니, 아버지, 선생님이 보고 배운 대로 후손에게 학생들에게 보여주어 배우는 사람들이 따르도록 하라는 말씀입니다.

유대교 교육의 중심인 토라 (תורה)

아는 것과 행동하는 것이 다르면 잘못된 교육입니다. 바른 교육은 배워서 아는 대로 행하도록 하여야 합니다. 보여준 대로 따를 수 있도록 인도하는 교사가 귀하고 훌륭한

06 _ 유태인의 교육의 중심은 하나님

교사입니다. 그러므로 유대교의 교육철학에서 말하는 교육의 가장 중요한 요소는 가르치는 사람인 '선생님'입니다.

전통적인 유태인 사상에서 교육에 대하여 정의하는 것을 보면 "교육의 중요성은 아무리 과대평가해도 지나치지 않다. 우리의 교육의 중요성을 과대평가한다는 말 자체가 불가능하다"고 말합니다. 유태인들은 교육의 중요성을 말로 표현할 수 있는 최고의 서술어를 사용하여 강조하고 있습니다.

모든 나라, 모든 백성들 또한 교육의 중요성을 말합니다. 그러나 실질적으로 교육의 중요성에 역점을 두는 나라나 백성은 많은 것 같지 않습니다. 단지 외관상 겉으로는 교육의 중요성을 강조하지만 사실상 교육의 중요성에 대한 의식은 없다고 볼 수 있습니다. 모든 종교 역시 그들 자신만을 위한 교육의 중요성을 강조할 뿐 강조하는 것만큼 실제적으로 교육하는 곳은 많지 않다고 생각합니다.

바르게 사는 방법을 가르치는 **유태인 교육법**

그러나 유태인들은 "배우는 것이 바로 유대교의 중심이다"고 말합니다. 그러므로 유태인들은 유대교와 유대교의 교육을 믿는다는 말이 성립되는 것입니다. 유대교에서 배움에 관하여 강조하는 것을 보면 "배운다는 것 자체가 자기들의 종교의 의무이다. 배운다는 것은 어떤 삶의 의미를 찾아가는 원천이다. 배운다는 것은 예배의 한 형태이다"고 말합니다. 교육에 대하여 이보다 더 강조할 수 없을 것입니다. 사람이 사는 삶 가운데 배우는 것보다 더 중요한 것은 없다고 강조하는 것을 알 수 있습니다.

세상 사람들이 학교에 다니며 배우고 자신의 자녀들을 학교에 보내며 공부시키는 이유가 무엇입니까? 일반적인 의미로 교육은 "자기를 계발하고 발전시키기 위해서 교육을 받으며 배우게 만드는 것"입니다. 그리고 교육은 "자기 자신의 영광이나, 자기가 소속하고 있는 나라나 단체의 영광을 위한 것"이라고 생각하는 사람들도 많이 있습니다.

06 _ 유태인의 교육의 중심은 하나님

그러면 유대교의 교육 목표는 무엇일까요?

일반적으로 우리는 토라(תורה)를 '법'이라고 이해하고 있습니다. 하지만 유태인들은 세상 사람들이 토라를 법이라고 번역하는 것은 잘못된 것이라고 지적합니다. 유태인들은 토라를 '법'이 아니라 '가르침'이라고 번역하여야 한다고 합니다. 그래서 유대교에서 가르치고 배운다는 말은 바로 이 토라를 배우고 토라를 가르친다는 말입니다.

그러면 토라의 내용이 무엇이며 그 내용은 무엇을 가르칠까요? 토라의 내용은 인간이 이해할 수 있는 인간의 언어로 기록된 하나님의 말씀이며 하나님 자신을 계시하여 보여주고, 알려주며, 가르치는 것입니다.

이스라엘 사람들이 가르치며 배우는 내용 가운데 가장 중요성을 두는 것은, 하나님을 알아야 한다는 것이기 때문에 무엇보다 배움과 가르침에 중요성을 두는 것입니다. 하나님을 알지 못하고서는 하나님을 믿을 수 없는 것입니다.

우리는 이 세상에서 종교와 문화를 분리해서 생각할 수

바르게 사는 방법을 가르치는 **유태인 교육법**

는 없습니다. 특히 이스라엘에서는 종교와 문화는 분리되는 것이 아니라 하나인 것입니다. 그러나 세상의 문화가 기독교 문화를 침식하고 있는 현실은 안타깝다 아니할 수 없습니다.

세상의 문화가 기독교의 문화를 희석시켜서 기독교 문화가 세상의 문화와 아주 비슷하게 변화해가고 있는 것은 가슴 아픈 일입니다. 그래서 신상언 씨는 『사탄은 대중문화를 선택했다』는 책을 쓰기도 했습니다.

유대교 철학에서 교육을 말할 때, 종교와 문화는 분리할 수가 없습니다. 그렇기 때문에 그들의 문화 속에 은은하게 깔려 있고, 스며들어 있으며, 그들의 삶의 중심이 되는 것은 토라이며 그 토라의 가르침은 바로 하나님이라는 것입니다.

다시 말해서 유태인들의 문화 자체가 종교이며 유대교는 토라를 중심으로 하여, 하나님을 믿는 사람들의 삶의 공동체이며, 문화 공동체입니다.

미국을 잠시 들여다봅시다. 왜 미국이 지금까지 건재할까요? 청교도들이 신앙의 자유를 찾아 처음 미국에 왔을 때 그들의 신앙의 뿌리를 내려놓은 것이 지금도 알게 모르게 모든 문화 속에 내포되어 있습니다. 다시 말해서 그 믿음의 영향력과 저력이 아직도 계속하여 흐르고 있다는 것입니다.

추수감사절은 청교도가 신대륙에 도착하여 처음으로 추수한 것들에 대해 감사한 것이 유래가 되어 지금까지도 지켜지고 있는 절기입니다. 미국 속에 흐르고 있는 문화를 깊이 들여다보면 기독교 문화가 지배하고 있다는 것을 쉽게 알 수 있습니다.

대통령 취임식 때 목사가 기도하는 일이나, 성경책에 손을 올려놓고 선서하는 장면은 전 세계 어디에서도 찾아볼 수 없는 유일한 전통입니다.

특별히 유태인들은 종교와 문화를 구분해서 가르치는

바르게 사는 방법을 가르치는 **유태인 교육법**

것이 아니라 하나님을 바르게 가르치면 모든 교육은 바르게 될 수 있다고 말하고 있습니다. 그래서 유태인들은

"하나님을 이렇게 섬겨라"
"하나님을 이렇게 예배하라"
"하나님을 이렇게 믿어라"

라는 것을 가르치는 것이 아니라

"하나님을 믿는 너는 이렇게 살아라!"

하는 것을 가르칩니다.

유태인의 가르침의 문화 속에서 "이렇게 살아라!" 하는 말에서, '이렇게' 라는 말은 바로 '하나님의 방법' 대로라는 말입니다. 그러므로 하나님의 방법대로 살아야 한다는 것을 가르치는 것이 유대교 교육의 핵심이며 정신이며 모토입니다.

06 _ 유태인의 교육의 중심은 하나님

유대교 교육을 담당하는 선생님

모든 나라 모든 민족에게 선생님은 아주 중요합니다. 왜 그렇습니까? 선생님이 누구냐에 따라서 미래가 달라질 수 있다는 것입니다. 어떤 선생님을 만나느냐에 따라서 인생이 바뀐다는 것입니다. 그러면 어떤 분이 선생님이 되어야 합니까?

기능 보유자입니까?
많은 지식을 가진 사람입니까?
전달하는 기술을 소유한 사람입니까?
말을 잘하는 사람입니까?
영어만 잘하면 됩니까?

이 모든 것들이 중요한 요소인 것은 맞습니다. 그러나 탈무드에서는 선생님의 다른 조건을 이야기하고 있습니다. 선생님의 자격은 인내하는 성품과 사랑하는 성품을 가지고 있느냐, 없느냐가 가장 중요하다고 합니다. 이러한 성품은

바르게 사는 방법을 가르치는 **유태인 교육법**

만들어지는 것이 아니라고까지 그들은 이야기합니다. 다시 말해서 태어날 때 하나님으로부터 받아서 타고나야 한다는 것입니다.

1) 선생님은 부르심을 받아야 합니다

어떤 대상에게 어떤 것을 교육하려면 본질적인 요소와 부가적인 요소가 있습니다. 유대교에서 '유대교 교육을 위하여 가장 필요로 하는 본질적인 요소가 무엇인가?' 하는 것을 연구하는 것은 중요합니다.

유대교에서 말하는 교육의 본질적인 요소 가운데 선생님만큼 중요한 요소는 없습니다. 특별히 교육받은 선생님만큼 중요하게 여기는 요소는 없을 것입니다. 유대교가 말하는 선생님이 되기 위하여 교육을 받아야 한다는 말은 하나님으로부터 부르심을 받았다는 확신을 가지고, 하나님의 일을 이루겠다는 사명감을 가지고, 자신을 부르신 분의 목적을 이루기 위하여 철저히 교육받고, 선생님으로 학생들 앞에 서기까지 많은 준비를 하였다는 말입니다.

06 _ 유태인의 교육의 중심은 하나님

유태인 부모들이 모이면 즐겨 하는 말이 있습니다. 유태인들 중 자녀들을 둔 부모들이 모이면 "좋은 선생님을 만나야 하는데…" 하면서 그 일을 위하여 기도한다고 합니다. 그들의 대화의 중심으로 들어가 보면 "준비되지 않은 선생님에게 자신들의 자녀들이 맡겨지는 것만큼 불행한 일은 없다"고 말합니다.

과연 세상에서 교육을 담당하시는 선생님 가운데 자신이 선생님으로 부름을 받았으며, 선생님으로 사명감을 다하기 위하여 철저히 교육을 받고 학생들을 하나님 앞에 그리고 세상에 바르게 세우기 위하여 끊임없이 연구하고 배우며 자신을 계발하는 선생님이 얼마나 되겠습니까?

준비된 선생님이 중요하기 때문에 유대교에서는 선생님의 인격적인 행함에 많은 관심을 두는 것을 볼 수 있습니다.

유대교에서 훌륭한 선생님을 말할 때 제일 먼저 '가르치는 자의 행함' 에 관하여 이야기합니다. 그렇다면 유태인들

바르게 사는 방법을 가르치는 **유태인 교육법**

은 가르치는 자의 행함의 철학이 무엇이며 어떻게 행할 것을 요구하고 있는지 연구하는 것이 중요합니다. 그다음 선생님과 학생과의 관계를 그리고 배움의 진행은 어떻게 이루어지며 배움의 내용이 무엇인지 연구하는 것이 필요합니다.

유태인들이 요구하는 가르치는 자의 행함에서 나타나는 것은 바로 인격과 행함 안에서 구체화되어지는 가르침이며 배움을 말하는 것입니다.

신약성경에 나타난 예수님의 가르침을 보면, 예수님께서는 자신이 친히 행하심으로 그리고 자신의 삶과 인격을 통해서 제자들을 가르치셨습니다. 예수님의 제자들은 예수님과 삼 년 반 동안 동행하면서 예수님의 삶과 인격, 그리고 예수님의 행하심을 배웠으며 예수님을 닮아갔던 것입니다.

유대교 교육에서 중요하게 여기는 것은 바로 "가르치는 자의 삶과 인격과 행함에 있어서 종교, 도덕, 행위는 완전

히 분리될 수가 없고 하나가 되어야 한다"는 것입니다. 이
렇게 완전하게 묶여야 하는데 그것은 일상생활의 매일매
일의 삶에서 표현되어 나타나야 한다는 것입니다. 매일의
삶 속에서 믿음과 행함이, 가르침과 행함이, 배움과 행함이
하나로 나타나야 합니다.

　가르치는 자와 배우는 자가 이러한 삶을 살 때, 세상 사
람들은 믿는 자를 통하여, 가르치는 자로 인하여 하나님을
보게 되어 하나님 앞으로 나오게 되며 그들 또한 보고 듣고
배운 대로 살아가려고 노력하게 됩니다. 이것이 곧 하나님
의 증인된 삶을 사는 것입니다. 이렇게 산다면 우리의 매
일매일의 삶이 하나님께서 인정하시고 다른 사람이 인정
하는 삶이 되며, 하나님의 뜻을 이루는 전도하는 삶이 될
것입니다.

　아이들이 행하는 모든 모습은 바로 부모님의 모습을 반
사하는 것이며 복사하는 것입니다. 다시 말해서 아이들을
보면 부모님을 알 수 있지 않을까요? 부모들은 아이를 바

바르게 사는 방법을 가르치는 유태인 교육법

라보면서 '누구를 닮아서 저럴까' 라고 생각하는 것이 아니라, '저것이 바로 나의 모습이었구나' 라고 생각하면서 자신의 행위를 반성하는 시간을 가져야 할 것입니다.

또한 탈무드가 가르치는 말로, 선생님들이 겸손하다고 말할 때 어떤 모습이 겸손한 모습일까요?

1. 자기보다 더 현명한 사람 앞에서는 말을 하지 않는다.
2. 동료의 말을 가로막지 않고 서둘러 대답하지 않는다.
3. 그 주제와 상관이 없는 질문을 하지 않는다.
4. 그 포인트에 어긋나는 대답을 하지 않는다.
5. 마지막 주제를 처음 주제에 말하지 않는다.
6. 이해하지 못한 것을 이해했다고 말하지 않는다.
7. 진리를 안다고 말하지 않는다. 하나님 앞에서의 모든 진리는 하나님만이 진리이고 다른 것은 모두 상대적이라는 것이다.
8. 학자들, 또는 가르치는 사람들은 그들 자신이 이해하는 것에 있어서 그 자신이 양심적이어야 한다.

06 _ 유태인의 교육의 중심은 하나님

자신의 있는 그대로의 모습을 내놓는 것이 진정한 겸손이라고 합니다. 과장하지도 축소시키지도 않고 있는 그대로를 보여주는 것이 겸손이라고 합니다.

또한 어떤 사람이 진정으로 토라(가르침)를 이해하기를 원한다면 자신이 이해하지 못한 것을 이해했다고 말해서는 안 된다는 것입니다. 학생들이 배울 때 이해하지 못했다면 "나는 이해하지 못했습니다"라고 말하는 것을 부끄러워하지 말아야 합니다. 그리고 어떤 사람이 우리에게 와서 우리가 잘 알지 못하는 것을 물을 때, 내가 모른다고 말하는 것을 부끄러워하지 말아야 한다는 것입니다. 이것이 바로 겸손입니다.

유태인들은 말하기를 "우리는 무엇을 배우든지, 무엇을 하든지, 어떤 일을 하든지, 누가 무엇을 요구하든지, 요구하는 그 사람으로 하여금 평화를 가지게 하라! 이것이 그들의 선생 된 자의 가장 우선된 원칙이다"고 말합니다.

가르치는 자에게 가장 중요한 것은 배우는 자가 가르치는 자에게 무엇을 요구하든지 그에게 기쁨을 주고, 평화를

바르게 사는 방법을 가르치는 **유태인 교육법**

줄 수 있도록 하여야 한다는 것입니다.

2) 현명한 학생인 선생님

유태인들이 하는 말 가운데 흥미 있는 말이 있습니다.

" '아마'를 사랑하며, 네가 알지 못하는 것을 그럴듯하게 꾸며 아는 척하는 것을 미워하라."

이 말이 의미하는 것은 "확실하지 않은 것을 선생님의 권위 때문에 강요하지 말라!"는 것입니다. 왜 그렇습니까? 선생님도 끊임없이 배우고 연구하는 학생이지 모든 것을 다 알 수 없다는 것입니다.

유태인 사회에서 선생님을 가리키는 용어는 특이합니다. 선생님 또는 학자를 가리키는 히브리어 단어는 '탈미드 하함(תלמיד חכם)'인데, 탈미드(תלמיד)는 '학생'이라는 말입니다. 그리고 하함(חכם)이라는 말은 '현명한'이라는 형용사로 두 단어를 연결하면 '현명한 학생'이라는 뜻이

06 _ 유태인의 교육의 중심은 하나님

됩니다.

끊임없이 연구하는 학생이 학자이며 선생님이라는 놀라운 의미를 가르치고 있는 말입니다. 그러므로 유대교 교육의 대원칙은 가르치는 자와 배우는 자의 구별이 없다는 것입니다. 그렇다고 선생님을 무시하라는 말이 아닙니다. 이 문장은 선생 된 자의 입장에서 하는 말이지 학생의 신분을 가진 자가 선생님을 말할 때 사용하는 문장은 아닙니다. 선생님은 겸손하여야 한다는 말이지 학생의 입장에서 볼 때 선생님과 학생이 동일하다는 말이 아닙니다.

그러므로 하나님 안에서 선생은 가르치는 자와 배우는 자가 동일하다는 의식을 가지고 학생 앞에 서야 한다는 말입니다.

가르치는 자는 학생들보다 잘났다고 거만하지 말고 항상 겸손하여 학생들에게 그의 인격과 매일 매일의 삶 속에서 하나님과 학생들이 인정해주고 받아들여 주는 삶을 사는 것이 선생 된 사람의 삶의 대 전제라는 것입니다.

바르게 사는 방법을 가르치는 **유태인 교육법**

우리들도 우리의 학생들이 우리에게 무엇을 물을 때 모른다는 말이 가장 정확한 말일 때는 모른다고 말해줘야 할 것입니다. 그리고 가장 확실하게 아는 것을 말할 때 '아마' 라는 말을 알고 사랑하는 선생이 되어야 할 것입니다. 그리고 배움에는 끝이 없다는 것을 기억하고 끊임없이 배우고 연구하는 일에 최선을 다하여야 합니다.

하나님의 형상을 닮은 선생님의 삶 가운데 나타나는 유대교 교육원리

유대교 교육에서는 연구하고 공부하는 것은 삶의 본질이며 하나님을 향한 의무라는 것을 강조합니다. 그리고 사람은 교육에 의해서 개선되어질 수 있으며, 교육은 요람에서 무덤까지 지속적이어야 한다는 것을 공부하였습니다. 그리고 배움과 행함은 일치하여야 한다는 것을 배웠습니다. 교육은 사회적이어야 한다고 하였는데 이 말은 교육은 자기 자신만을 위하는 것이 아니고 인류 사회를 위한 것이어야 한다는 말입니다.

또한 교육은 어릴 때부터 하는 것이 좋으며 교육에서 개인의 차이, 개인의 특기는 인정되어야 하고, 개인의 특기를 찾는 교육을 하여야 한다는 것을 공부하였습니다. 또 교육에 대한 책임, 교육에 대한 의무는 부모와 공동체에게 있습니다.

그다음으로 아직 다루지는 않았는데 직업(生活)을 위한 교육도 기본적으로 이루어져야 된다는 것을 유태인들의 전통이나 고전에서 강조하는 것이 유대교 교육의 특징입니다. 그런데 우리가 이러한 것을 다 연구할 수는 없습니다. 그러므로 중요한 요소인 네 가지만 살펴보면서 원리를 찾아가도록 하겠습니다.

긍정적이고 적극적인 유태인 사상에 주요한 내용은 첫째는 학자들의 행함에 관해서이며, 둘째는 선생님과 학생, 셋째는 배움의 과정, 넷째는 배움의 내용을 살펴보도록 하겠습니다. 이것은 랍비 철학에서뿐만 아니라 현대의 종교철학에서도 아주 막중하고, 중요한 과제로서 쓰임을 받고 있는 주제이기도 합니다. 우리는 이것을 먼저 연구하여야 할 뿐만 아니라 학자의 행함으로부터 나오는 교육의 원리를 찾아야 합니다.

1) 선생님의 행하심을 통하여 나타나는 교육 원리

유태인들은 학자, 선생님을 '탈미드 하함'이라고 말합니다. 또 그들은 '학자'는 '끊임없이 연구하는 사람'이라고 생각합니다. 뿐만 아니라 학자는 보여주는 것으로 끝나는 것이 아니라 계속하여 찾아나가는 사람을 말합니다.

또 "학자들은 어떤 행위를 가져야 되느냐"라고 이야기 할 때에 그들의 삶의 원칙은 삶의 행위로서 연결되어지는데 그들에게 있어서 가장 중요한 것은 하나님과 사람 앞에서 인정받는 행동이어야 한다는 것입니다.

선생들이나 학자들은 그들의 삶 자체가 토라(성경)를 대신하는 행위라는 것입니다. 다시 말해서 선생들의 삶, 그 자체가 토라가 가르치는 모든 것들을 보여줄 수 있는 삶이어야만 선생으로서의 자격이 있다고 합니다. 그러므로 교회에서 목사나 종교적인 지도자라고 하면 최소한 자기가 가르치고 있는 경전을 그분들의 삶에서 보여줄 수 있는 사람이 되어야 한다는 것입니다. 경전이 가르치는 것을 입으로는 가르치면서 행동으로 보여주지 않는다면 선생으로서의 자격은 이미 없다는 것이 유태인들의 설명입니다.

또한 선생님과 학자는 교양이 있어야 한다고 탈무드는 가르칩니다.

교양이 없는 행동이란
　"자기보다 현명한 사람 앞에서 말을 하는 사람,
　동료가 말하는 것을 가로막는 사람,
　서둘러서 대답하는 사람, 주제와 상관없는 질문을 하고
　주제와 상관없는 대답을 하는 사람,
　먼저 것을 나중에 나중 것을 먼저 말하는 사람,
　이해하지 못한 것을 이해했다고 말하는 사람,
　진리를 알지 못하는 사람"
은 교양이 없는 사람입니다.

바르게 사는 방법을 가르치는 **유태인 교육법**

무엇보다 선생님, 학자는 그 자신의 이해의 레벨을 주도면밀하게 조사해야 합니다.

갈라디아서 6장 1~3절에 "형제들아 사람이 만일 무슨 범죄한 일이 드러나거든 신령한 너희는 온유한 심령으로 그러한 자를 바로잡고 네 자신을 돌아보아 너도 시험을 받을까 두려워하라 너희가 짐을 서로 지라 그리하여 그리스도의 법을 성취하라 만일 누가 아무 것도 되지못하고 된 줄로 생각하면 스스로 속임이니라"고 했습니다.

여기서 "자신을 돌아보아"라는 말이 있는데 이 말은 하나님이 아담에게 물으셨던 "네가 어디에 있느냐" 하는 말과 같은 말이라고 생각합니다. 하나님께서 아담에게 "네가 어디에 있느냐" 하고 물으실 때 우리가 아담이라면 어떻게 대답하였을까요? "예 제가 여기 있습니다" 하고 대답하지 않았을까요?

그런데 아담의 대답은 특이합니다.

06 _ 유태인의 교육의 중심은 하나님

"벌거벗어 숨었나이다."

그때 하나님께서는 다시 물으십니다.

"왜 먹지 말라고 한 것을 먹었느냐?"

하나님께서 계속하여 질문하시자,
아담은 "당신(하나님)이 주어서 나와 함께 있게 한
그 여자가 나에게 주어서 먹었습니다"
고 핑계를 대는 것을 볼 수 있는데 이것은 분명 바른 대답이 아닙니다. 자기 합리화이며 자기 도피일 뿐이라고 생각합니다.
 이 말은 자기의 잘못을 하나님께 전가시키는 나쁜 행위임에 틀림없습니다. 다시 말해서 자신이 잘못한 것에 대한 책임을 하나님께 돌리는 결과가 되는 것입니다. 아담의 대답을 분석하여 보면 "제가 언제 여자를 달라고 하였습니까? 하나님!" 하면서, 달라고 하지 않은 여자를 나에게 하나님께서 친히 주셨기 때문에 어쩔 수 없이 함께 있었는데

바르게 사는 방법을 가르치는 **유태인 교육법**

바로 그 여자가 주어서 먹었다는 말입니다.

자신을 돌아보는 사람은 이런 일은 하지 않을 것입니다. 자신을 돌아본다는 말은 "조사하다, 분석하다, 진찰하다"는 의미가 있습니다. 형사가 범인을 체포해서 조사를 한다고 말할 때, 조사한다는 말과 같은 뜻입니다. 즉 돌아본다는 말의 뜻에는 조사한다는 의미가 내포되어 있습니다. 그러므로 자신을 돌아본다는 말은 자기 자신이 형사가 되어서 죄인된 자신을 조사해 본다는 말입니다.

그리고 돌아본다는 말은 화학을 연구하는 학자가 화학 공식을 분석하여 물질을 연구하는 것처럼 분석한다는 의미를 가지고 있습니다. 그러니까 여기서도 자기 이해의 수준을 평가하고, 조사하고, 분석해야 하며, 의사가 환자를 진찰해서 병을 찾아내는 것과 같이 자신의 상태를 정확하게 진찰하여야 합니다. 진정 나의 상태가 어떠한지, 정말 나는 어느 정도 수준인지 정확하게 자기 자신을 평가할 수 있어야 한다는 것입니다. 그래서 우리는 우리의 정확한 수

준이 어느 정도인지를 평가해서 현명한 학생인 학자로서, 선생님으로서 자신을 지켜나갈 수가 있어야 합니다.

2) 배우는 사람 앞서 행하는 가르치는 사람

유태인들이 사용하는 '학자'라는 단어는 '현명한 학생'이라는 의미를 가진 말이라는 것을 이미 우리는 공부하였습니다. 이 말은 학자, 가르치는 사람, 선생님은 배우는 일로부터 떠날 수 없다는 말입니다.

우리나라 학자나 선생님뿐만 아니라 모든 지도자 그리고 교계지도자들도 예외는 아니라고 생각합니다. 그러므로 교회의 교역자나 평신도 지도자 역시 끊임없이 배워야 할 것입니다. 다시 말해서 끊임없이 배우고 연구하며 재충전해야 하는데 그렇지 못한 것이 가슴 아픈 현실입니다.

우리의 환경이 어떠하더라도 우리는 가르치기 위해서 끝없이 배워야 하는 것입니다. 그러므로 가르치는 것과 배우는 것은 분리할 수 없다는 것이 유태인들의 사상입니다.

바르게 사는 방법을 가르치는 **유태인 교육법**

그렇다면 선생님은 어떠한 자세로 연구에 임하여야 할까요? 선생님은 학생들보다 앞서 배우는 자로서 학생들보다 더 진보적이어야 하며 더 진취적이어야 한다고 가르칩니다. 항상 앞에서 가르치는 사람이 더 진보적이고, 진취적이어서 모든 자료에서 항상 최신의 자료를 가지고 있어야 합니다. 그래서 훌륭한 선생님은 학생들을 가장 최근의 자료로 최고의 자리로 인도할 수 있어야 합니다.

그러므로 선생님은 항상 앞서 연구해야 합니다. 그래야 학생들을 앞에서 인도할 수 있습니다. 유태인 학자는 말하기를 "마음이 무쇠처럼 굳은 학생을 가진 선생님은 학생에 대한 선생님의 태도가 나빴기 때문이다"라고 하였습니다. 여기서 태도는 연구하는 태도와 인내하는 태도가 중요한데 바로 이러한 태도를 선생님이 학생에게 먼저 보여줘야 한다는 것입니다. 하지만 이 연구나 인내는 노력을 통해서 얻을 수 있는 태도이며 자세입니다. 인내라는 태도는 어느 정도까지 참아야 하는지 그 구별선을 긋는 것이 쉬운 일은 아닙니다. 인내는 어렵습니다. 여러분은 어느 정도까지 인

06 _ 유태인의 교육의 중심은 하나님

내하여 보셨습니까? 몇 번까지 참아 보셨습니까? 어떤 사람이 나를 험담하고 있을 때 어느 정도까지, 몇 분 정도 참으셨습니까?

성경과 탈무드는 우리에 가르칩니다.
"우리를 화나게 하는 사람이 우리에게 다가와 약을 올릴 때, 우리를 화나게 만드는 사람이 말하기를 '제법 잘 참는데… 네가 아무리 인내심이 있어도 이것은 못 참을 것이다' 라고 생각하고 말하는 그 단계까지 참아야 한다."
이것이 인내하는 태도라고 가르칩니다.

힐렐이라는 사람이 말하기를 "모르는 것을 알기 위해서 노력하지 않는 사람은 배울 수도 없을뿐더러 좋은 선생님도 될 수 없다"고 하였습니다. 학생들의 태도는 역시 연구하는 태도와 인내하는 태도가 있어야 하고 무엇보다 솔직해야 한다는 것이 유태인의 사상입니다. 솔직하지 못하면 그 어떤 것도 배울 수 없다는 것입니다. 이 말은 "자기가 알지 못하는 것, 부족한 것을 '나는 이것을 알지 못합니다,

바르게 사는 방법을 가르치는 **유태인 교육법**

나는 부족합니다' 라고 말하는 데 게으르지 말며 부끄러워하지 말아야 할 뿐만 아니라 담대하게 모른다고 말하여야 한다"는 것입니다. 그리고 자기가 알지 못하고 부족한 것을 표현하는 데 부끄러워하지 말아야 한다는 것이 탈무드의 가르침입니다.

학생이 어처구니없는 질문을 할지라도 그 질문에 대한 선생님의 태도는 즐거움으로, 기쁨으로, 학생이 미안하지 않게 대답을 해줘야 합니다. 그리고 여기서 아주 중요한 것은 신실하게 답을 해야 한다는 것입니다. 여기서 '신실하게' 라는 말은 성의를 다해서 하라는 말입니다. 아는 것은 확실하게, 모르는 것은 모른다고 답변을 해야 하는 것입니다. 그리고 모른다는 답변을 해야 하는 경우에는 반드시 언제까지 알아서 알려주겠다는 확실한 시간적인 여유를 주어야 합니다.

페리다라는 아주 유명한 랍비가 있었습니다. 이 선생님은 아주 특별한 학생 한명을 가르치고 있었습니다. 이 학

06 _ 유태인의 교육의 중심은 하나님

생은 아주 특이하여 한 가지를 400번 반복하여 가르쳐야 이해하는 학생입니다. 여러분에게 이러한 제자가 있다면 어떻게 하시겠습니까?

하루는 선생님이 매우 피곤해서 400번을 가르치는 도중 어떤 때는 눈을 감고 어떤 때는 눈을 뜨고 가르쳤습니다. 가르치기를 마치고 여러 가지 이야기를 하다가, 다시 공부한 내용을 물어봤는데, 글쎄 그 학생이 모르는 것이었습니다. 그래서 선생님은 의아해하시면서 학생에게 물었습니다. "지금까지는 내가 400번을 가르쳐주면 네가 알았는데 왜 이번에는 400번을 똑같이 가르쳐주었는데 모르느냐?"

그랬더니 학생이 대답하였습니다. "선생님께서 나에게 공부를 가르치면서 오늘 따라 눈을 감았다 떴다 하셨습니다. 그때 저는 생각하였습니다. 오늘은 왜 선생님께서 이렇게 눈을 감았다 떴다 하실까? 그것을 생각하느라고 저의 집중력은 흐트러지고 말았습니다. 그 시간부터 배운 것은 모두 효과가 없어져 버렸습니다."

바르게 사는 방법을 가르치는 **유태인 교육법**

여러분이 만약 이러한 학생 앞에 있는 선생님이라면 어떻게 하시겠습니까? 손을 올려 한대 때려주고 싶은 생각이 들지 않을까요? 여러분은 몇 번이나 반복하여 자녀들을 가르쳐 주었습니까? 한 번, 두 번 가르치고, 세 번째는 혈압이 올라 억양이 달라지지는 않았습니까?

하지만 패리다는 제자에게 이렇게 말하였습니다.

"미안하네, 우리 다시 공부하세."

선생님은 자세를 바르게 하고 다시 가르치기 시작했습니다. 몇 번이나 가르쳤을까요? 우리 같으면, 우리는 현명하기 때문에 1백 번 가르치고 물어보았을 것입니다. 먼저 가르친 것이 있으니 이 정도면 되지 않았을까 하여 물어보았을 것입니다. 그리고 모르면 또 1백 번 정도 가르치고 물어보고 하였을 것입니다.

그러나 이 선생님은 자세를 바르게 하고 처음부터 400번을 다시 가르쳤습니다. 그래서 그 학생으로 하여금 알게 하였습니다. 그러니 그 선생님은 결국 800번을 가르쳐서 학생으로 하여금 알게 하였던 것입니다. 정말 훌륭한 선생

06 _ 유태인의 교육의 중심은 하나님

님입니다.

우리도 우리 자신에게 "너, 정말 이런 인내가 있느냐?" 라고 한번 물어보십시다. 우리가 맡은 학생들에게 하나님의 말씀을 가르치고 또 가르쳐도 이해를 하지 못한다면, 몇 번을 반복하든지 알 수 있을 때까지 가르쳐서 한 영혼을 살려야 한다는 것입니다. 그래서 그 학생이 알고 실천할 수 있는 단계에 이를 때까지 반복하여 가르쳐야 하는 것입니다.

여기서 우리가 한 번 더 생각할 것은, 가르치는 선생님과 배우는 학생은 차이가 없다는 것부터 인정해야 한다는 것입니다. 학생과 선생님은 둘 다 연구하는 사람으로 연구하는 태도가 있어야 하고, 최선의 노력을 다해야 하고 알 때까지 인내할 수 있어야 합니다. 그런데 중요한 것은 선생님이 앞서 연구하며 나아가야 한다는 것을 명심하여야 합니다.

바르게 사는 방법을 가르치는 유태인 교육법

랍비 조세라는 이름을 가진 선생님은 "젊은 스승에게 배우는 사람은 양조장에 있는 큰 술통의 술을 배우는 것과 같다. 즉, 오랜 기간 동안 숙성되어 완성된 술을 배우는 것이 아니고 오랜 기간 동안의 숙성을 거쳐야하는 미완성된 술을 배우는 것이다. 그리고 설익은 포도를 딴다.

하지만 늙은 스승으로부터는 익은 포도와 와인을 배운다"고 했습니다.

또 랍비 마이어라는 선생님은 말씀하기를 "술병을 보지 말고 내용물을 보라"고 했습니다. 새 술병에 오래된 포도주를 담을 수도 있고, 헌 술병에다 방금 짜낸 포도주를 담을 수도 있다는 것입니다. 그러므로 선생님의 나이는 학자적인 성숙도나 교육적인 성숙도의 결정적인 표준이 될 수 없다는 것입니다. 일반적인 생각은 나이가 많은 선생님이 오랜 경험으로 배울 것이 많다고 생각을 하는데 그렇지 않을 수도 있다는 것입니다.

이런 것을 가지고 이스라엘 사람들이 실험을 했습니다.

06 _ 유태인의 교육의 중심은 하나님

'학자적인 성숙도나 학자로서의 교육적인 기질이나 이런 것에 대한 표준은 무엇으로 기준을 삼아야 하느냐' 라고 이야기할 때, 이스라엘 사람들은 준비 과정을 가지고 평가합니다.

그래서 학생들을 가르칠 때, 한 시간을 가르치기 위해서는 최소한 세 시간은 준비해야 한다고 탈무드에서는 말하고 있습니다.

목회자들 중 설교 한 편을 쓰기 위해서는 일곱 권의 주석을 참고해야 한다고 말하는 사람들도 있습니다. 그러니까 준비를 철저히 하는 사람이 되어야 한다는 것입니다. 그래서 우리가 가르치는 모든 사람들이 무엇인가 배우도록 하기 위해서 우리는 철저하게 준비해야 합니다.

나이가 많거나 경험이 많다고 해서, 시간이 없다고 해서 준비를 하지 않으면 그 시간은 고리타분한 시간이 될 뿐만 아니라, 구시대의 것이 되고, 오래 묵은 노트에 의존하는 내용 없는 수업이 진행될 뿐입니다.

랍비 조바는 "선생님으로서 어떠한 사람이 현명한 사람

바르게 사는 방법을 가르치는 **유태인 교육법**

이냐?"라는 질문에 "학생으로부터 배우는 사람이 가장 현명한 선생님이다"라고 하였습니다. 이 말은 누구든지, 우리가 만나는 모든 사람으로부터 배울 것이라는 생각을 가진 사람이라는 이야기입니다. 그러니까 내가 만나는 어떤 사람으로부터라도 나는 배운다는 자세를 가진다는 것입니다.

훌륭한 선생님이 되기 위해서는 주일학교 학생으로부터라도 배운다는 생각을 가져야 하는 것입니다. 그리고 우리가 가서 배울 수 있는 사람을 존경해야 한다는 것입니다. 그러니까 학생으로부터 배우는 선생님은 학생을 존경해야 할 것입니다. 그래서 이스라엘의 선생님들은 어린 아이에서 노인에 이르기까지 어떤 사람이라도 존경한다는 것입니다. 그들의 마음에서 우러나오는 존경을 보여준다는 것입니다. 그래서 이스라엘의 선생님을 가르치는 가장 훌륭한 선생님은 학생이라고 말합니다.

교회학교의 교사들은 그 교회학교에 나오는 학생들의 종이라는 생각을 가지고 교육에 임해야 할 것입니다. 그러

06 _ 유태인의 교육의 중심은 하나님

므로 연구하고 인내하는 것은 선생님이나 학생의 공통된 의무가 됩니다. 학생이나 선생님이나 모두가 공통되게 열심을 가지고 인내하며 배워야 합니다.

누가 선생님이 될 수 있습니까?

선생님은 달란트가 있어야 한다고 말합니다. 달란트가 있는 사람이 많은 교육을 받고 선생님이 되면 얼마나 좋겠습니까? 그러나 교육만 많이 받았다고, 많이 배웠다고, 많이 안다고 선생님이 되는 것은 절대 아닙니다. 그렇다면 누구나 선생님이 될 수 있습니다.

그러면 가르치는 달란트가 있어야 한다고 해서, 달란트가 있는 사람은 선생님으로 예약되어 있는 사람입니까? 물론 그런 것도 아닙니다.

그런 달란트가 있는 사람을 찾아서 선생님이 되도록 하여야 한다고 말하는 사람들도 많이 있습니다. 그러나 유태인 학자들이 이야기하는 것에 귀를 기울여보면 배우고 가

바르게 사는 방법을 가르치는 **유태인 교육법**

르치지 않는 사람은 사막에 있는 도금한 양과 같다고 말합니다. 다시 말해서 많이 배웠는데 가르치지 않는 사람은 아무 쓸모가 없는 사람이라는 것입니다. 그러므로 배운 사람은 가르쳐야 한다는 것입니다. 즉 배우는 사람은 가르치는 사람이라는 말입니다.

배우는 사람은 가르치는 사람이라는 말은 무슨 뜻입니까? 배워서 아는 대로 보여주어야 한다는 말입니다. 아는 대로 실천하여야 한다는 말입니다. 이것이 일반적으로 가르친다는 말입니다.

랍비들의 교육에 있어서 가장 중요한 것은 연구하는 것과 행하는 것이 일치해야 한다는 것입니다. 그런 선생님은 학생으로부터 배울 수 있고, 계속해서 연구할 수 있으며, 지속적으로 학생들을 인도할 수 있을 뿐만 아니라 가르칠 수 있습니다.

그러나 자기가 연구하지 않으면서 학생들에게 연구하라고 말하는 것은 말이 안 된다고 합니다. 그러므로 "왜 공부하고 연구하느냐"고 물으면, "바르게 행하기 위하여"라고

06 _ 유태인의 교육의 중심은 하나님

대답하는 것입니다.

  이 말을 다시 생각해보면 토라를 연구하는 사람, 즉 하나님의 말씀을 연구하는 사람은 현실 세계 속에서 하나님의 말씀이 살아서 역사하고 움직여서 나타나도록 하여야 한다는 것입니다. 이스라엘 사람들은 토라를 연구하는 사람이 그 토라가 그들의 생활 속에서 역사하고 현실 속에서 나타나지 않으면 그 가르침은 잘못되었다고 말합니다. 그러므로 우리들도 하나님의 말씀을 배우면 배운 말씀으로 생활할 수 있도록 인도해야 합니다. 그러니까 말씀을 가르쳤으면 그 말씀으로 생활을 할 수 있도록 인도해야 한다는 것입니다.

  그러면 말씀으로 생활할 수 있도록 인도하려면 가르친 선생님이 말씀대로 생활해야만 된다는 것입니다. 그래서 탈무드는 말합니다.

> "토라가 없는 곳에는 삶이 없다. 그리고 삶이 없는 곳에는 토라가 없는 것이다."

바르게 사는 방법을 가르치는 **유태인 교육법**

놀라운 말입니다. 하나님의 말씀이 없는 곳에는 삶도 없으며, 실천하는 삶이 없는 곳에는 하나님의 말씀도 없다는 것입니다.

그러므로 배움의 극치는 실질적으로 어떠한 자양분이 있어야 하는데 우리가 배우는 데 있어서 실제적인 자양분, 그 배움을 성장시키는 영양소는 연구에 의해서만 채워질 수 있습니다. 그 자양분이 없다면 성장은 기대할 수 없으며 활동도 할 수 없습니다. 그것은 영적으로 식물인간입니다. 끊임없이 연구하지 않으면 영양실조에 걸리고 마침내 식물인간이 되는 것입니다.

힐렐은 말하였습니다. "빈 머리를 가진 사람이 죄를 두려워하는 사람이 될 수 없다. 그리고 무식한 사람이 진실로 경건한 신앙의 사람이 될 수가 없다."

힐렐의 가르침의 의미는 하나님의 말씀에 대해서 무식한 사람이 진정으로 경건한 사람이 될 수 없다는 것입니

06 _ 유태인의 교육의 중심은 하나님

다. 다시 말해서 배움(연구)이 없이는 행동이 있을 수 없으며, 배움(연구)은 바로 실천을 만들어내는 연구가 되어야 한다는 것입니다.

배우는 것이 없이는 올바른 행위가 있을 수 없고, 배움이 없이는 그 행위를 바꾸지 못합니다. 그래서 옛말에 알아야 면장을 한다는 말이 있는 것 아닐까요? 알지 못하면 행위를 바꿀 수 없습니다.

행위를 변화시키지 못하는 이유가 무엇입니까? 탈무드는 배우는 사람들 가운데는 빨리 이해하고 빨리 잊어버리는 사람, 더디게 이해하고 더디게 잊어버리는 사람, 빨리 이해하고 더디게 잊어버리는 사람, 더디게 이해하고 빨리 잊어버리는 사람의 네 부류가 있다고 합니다.

잊어버린 사람은 배우나마나 한 것입니다. 시험공부를 위하여 배운 사람은 시험보고 나면 모두 잊어버리지 않습니까? 시험을 위한 공부는 삶에 필요 없는 것들도 많이 있습니다. 교육은 허공을 치는 것이 아니어야 합니다.

바르게 사는 방법을 가르치는 **유태인 교육법**

빨리 이해할 수 있지만 그것을 행하기는 정말로 어렵습니다. 행함은 반복학습을 할 때 열매로 나타날 수 있습니다. 수많은 씨를 뿌리지만 열매를 거둬들이기까지는 수많은 노력이 필요합니다. 반복할수록 오래 기억에 남는 것이며 열매로 결실하게 됩니다.

현명한 선생님 앞에 네 부류의 학생이 앉아 있다고 합니다.

첫째는 스펀지 같은 사람으로 모든 것을 빨아들이는 사람입니다.
둘째는 깔때기 같은 사람으로 한 쪽은 안에 다른 한 쪽은 바깥에 있는 사람입니다.
셋째는 체 같은 사람으로 다 걸러내고 찌꺼기만 가지고 있는 사람입니다.
넷째는 키 같은 사람으로 겨는 다 날려 보내고 알맹이만 가지고 있는 사람입니다.

06 _ 유태인의 교육의 중심은 하나님

학생과 선생님 사이는 찌꺼기는 걸러내고 알맹이만 주고받는 사이가 되어야 합니다. 선생님의 삶의 모습에서 인생을 배울 수 있어야 합니다. 선생님은 학생들에게 바른 인생을 줄 수 있어야 합니다.

누가 선생님이 될 수 있습니까? 아는 대로 행하면서 제자들에게 보여주어 바른 길을 따라오게 하는 사람입니다. 다시 말해서 배워서 아는 것에 그치는 사람이 아니라 아는 것을 행하는 사람이 선생님이 될 수 있습니다.

Jew's Method

07

교육의 과정

"나는 한가할 때, 틈이 있을 때
토라를 연구할 것이라고 말하는 사람은
영원히 토라를 접할 수 있는 기회가 오지 않을 것이다."

7 교육의 과정

교육은 사회적이어야 한다

 탈무드가 말하는 교육과정은 사회를 떠나서는 존재할 수가 없습니다. 탈무드가 말하는 배움은 사회적이라는 것입니다. 사회적이라는 말은 배워서 공동체의 바른 구성원이 되어야 한다는 말입니다. 그러므로 교육의 과정은 다른 사람들과 바르게 연관되어질 때만이 효과를 나타낼 수 있다는 말입니다. 교육을 했는데 그 교육이 다른 사람과 바르게 연관되어지지 않는다면 쓸모없는 과정에 불과하다는 것입니다.

 교육은 사회적이기 때문에 배움의 과정에서 가장 중요

바르게 사는 방법을 가르치는 유태인 교육법

한 것은 그룹을 형성하는 것입니다. 그룹을 형성함으로 말미암아 각자가 말을 할 때마다 각 사람을 통해서 배우게 되는 것입니다. 가르침은 그룹 속에서만 그 효과가 얻어질 수 있는 것입니다.

한 유태인 철학자가 말하기를 "배움의 과정은 찾아나서야 한다"고 했습니다. 그리고 그 철학자는 계속하여 말하기를 "너희는 너희의 집을 현명한 사람들이 모이는 장소가 되게 하라"고 하였습니다. 이 말을 좀 더 쉽게 이해하기 위하여 해석하여 보면 "너희의 집을 현명한 사람들이 모이는 응접실로 만들라"는 말이 아니라 "학자들이 토라를 연구하기 위해서 모이는 장소를 찾아가라"는 말입니다.

현명한 사람들이 모이는 장소를 찾아가서 바로 그곳이 너희 집이 되게 하라는 것입니다. 집같이 거기서 머물고, 거기서 배우고, 거기서 연구하라는 것입니다.

가르침이라는 것은 "가르침이 나를 따라다니는 것이 아니라 내가 가르침을 따라다녀야 한다"는 것입니다. 그러므

07 _ 교육의 과정

로 배움의 과정은 사회적인 과정이고, 이 사회적인 배움의 과정은 가르침을 향해서 좇아가야 되는 것이지, 가르침이 자기를 좇아오지 않는 다는 것입니다.

공부를 하기 위해서는 함께 연구하는 모임을 많이 만들고 쫓아다니면서 공부해야 합니다. 하나님의 말씀도 마찬가지일 것입니다. 말씀이 우리를 좇아오는 것이 아니라 주어진 하나님의 말씀을 우리가 연구하고, 따라가고, 묵상하고 배우고 계속해서 좇아가야 된다는 것입니다. 그렇게 했을 때 그 말씀과 우리가 하나가 되는 삶, 말씀과 연합을 이루는 생활을 할 수 있습니다.

탈무드가 가르치는 유명한 말이 있습니다.

"너희는 현명한 사람들이 모이는 곳으로 가서 그들의 신발에서 떨어지는 먼지 사이에 거하라!"

가르침이 있는 곳이라면 언제, 어디나 찾아가, 거기 거하

바르게 사는 방법을 가르치는 **유태인 교육법**

면서 선생님의 가르침의 먼지 속에 거하라는 가르침입니다.

교육은 체계적이어야 한다

연구하는 과정은 조직적이어야 하며 체계적이어야 합니다. 탈무드가 말하는 토라 연구의 단계를 살펴보면 다음과 같습니다.

1. 다섯 살 때 성경을 가르치기 시작한다.
2. 열 살에 미쉬나 공부를 시작한다.
3. 열세 살에 의무(계명)를 가르치기 시작한다(613).
4. 열다섯 살에 탈무드 연구를 시작한다.
5. 이 연구는 계속해서 죽을 때까지 지속한다.

하나님의 말씀을 연구하기 위한 기간은 정해질 수 없다고 탈무드 선생님들은 말합니다. 이스라엘의 신학교는 일반적으로 대학을 졸업하고 나서 10년여 정도 연구하고 안

07 _ 교육의 과정

수를 받게 됩니다. 이때 선생 랍비는 제자 랍비에 말하기를 "이제부터 자네는 나가서 가르치는 자격을 얻은 것이 아니고, 연구할 수 있는 자격을 갖추었다"고 합니다. 다시 말해서 이제부터 자기 자신이 계속해서 토라를 연구하면서 가르치라는 것입니다.

힐렐 학파에서는 랍비 안수를 받는 제자들에게 경고하는 말이 있습니다.

"나는 한가할 때, 틈이 있을 때 토라를 연구할 것이라고 말하는 사람은 영원히 토라를 접할 수 있는 기회가 오지 않을 것이다."

배움의 과정에서 가장 중요한 것은 연구는 삶의 일반적인 스케줄은 아니라는 것입니다. 연구는 그들의 삶 자체라는 것입니다. 이것은 유태인 신학생들의 생각이 아니고 이스라엘 사람들의 일반적인 생각이라는 것입니다.

그러면 크리스천 신학생들의 생각은 어떠해야 할까요?

바르게 사는 방법을 가르치는 **유태인 교육법**

우리가 기왕 공부하러 왔으면 우리의 삶 자체가 연구하는 삶으로 바뀌도록 노력해야 합니다. 우리의 삶이 연구하는 사람으로 훈련되어지고 길들여지지 않으면 배울 수 있는 기회는 영원히 오지 않을 수도 있습니다. 그러므로 우리도 늘 배우려는 생각이 들도록 연구가 습관화되어야 할 것입니다.

공부하는 습관은 한번 흐트러지면 영원히 회복하기 힘들다고 탈무드 선생님들은 말합니다. 우리의 배움의 과정은 지속적이고 끊임이 없어야 하며, 언제나 어디서나 찾아다니는 배움의 연속선상에서 존재해야 합니다.

Jew's Method

08

탈무드가 말하는 배움의 기본적인 내용은 하나님

유대교 교육보다 하나님에게 가까이 가는 데
더 크게 공헌할 수 있는 것은 아무 것도 없다고 유태인들은 말합니다.

8 탈무드가 말하는 배움의 기본적인 내용은 하나님

탈무드의 기본적인 배움의 내용

배움의 내용은 무엇보다 '토라'라고 탈무드는 말합니다. 탈무드와 성경은 다를까요? 다르다면 어떻게 다를까요?

성경은 하나님을 증거하는 계시의 책이라고 가르칩니다. 계시를 말할 때, 일반적으로 두 가지로 나누어 말하는데 그것은 '일반 계시'와 '특별 계시'라고 합니다.

일반 계시(자연 계시)는 비이성적 피조물, 인간들의 양심, 역사를 통해서 하나님께서 계시하십니다.

특별 계시는 구·신약, 성경을 말하는데, 이 성경은 사람이 이해할 수 있는 사람의 언어로 기록된 하나님의 말씀으로 하나님을 계시하시는 특별 계시입니다.

바르게 사는 방법을 가르치는 **유태인 교육법**

계시를 두 가지로 나누는 것과 같은 방법으로, 탈무드는 토라를 두 가지로 나누는데, '토라 쉐 비 크타브' 와 '토라 쉐 브 알 페' 라고 합니다.

앞에 나오는 '토라 쉐 비 크타브' 에서 '쉐' 는 '관계대명사 That(~~한)' 이고, '비' 는 '전치사 in, by(~안에, ~로)' 의 의미이며 '크타브' 는 '쓰여진' 이라는 뜻입니다. 이 구문을 해석하면 '기록되어진 토라' 라는 의미인데, 우리는 '성문 토라' 라고 부릅니다.

뒤에 나오는 '토라 쉐 브 알 페' 에서 '쉐' 는 관계대명사이고, '알' 은 about, on,(~관하여, ~위에)라는 전치사이며, '페' 는 '입' 을 말하는 단어입니다. 이 구문을 해석하면 '입 위에 있는 토라' 인데, 우리는 '구전 토라' 라고 부릅니다.

성문 토라는 성경을 말하고 구전 토라는 성문토라를 확장·확대·설명하는 것입니다. 랍비들이 이것을 구전으로 가르쳐 전하여 내려온 것입니다. 다른 말로 표현하면 구전

08 _ 탈무드가 말하는 배움의 기본적인 내용은 하나님

토라는 유태인들의 전통, 습관, 관습 같은 것을 가르칩니다. 이러한 전통들은 미쉬나, 미드라쉬, 탈무드 같은 데서 배울 수 있습니다. 이러한 귀중한 가르침을 가르치는 미쉬나, 미드라쉬, 탈무드는 구전으로 전해져 내려왔었는데, 후대에 선생님들이 이것을 다 가르치지 못하고 돌아가시면 큰일이기 때문에 기록할 필요성을 느끼게 되었습니다. 그 결과 구전 토라를 수집하여 기록하고 편집하여 모아 놓은 것을 미쉬나와 미드라쉬라고 합니다. 결론적으로 성경처럼 기록되어 전수된 것을 제외한 모든 가르침을 구전 토라라고 부릅니다.

그러므로 유태인들은 성문 토라인 성경만 가르치는 것이 아니라 미쉬나, 미드라쉬를 가르치고 자녀들이 열다섯 살에 이르면 탈무드를 가르치기 시작합니다. 그러므로 탈무드가 말하는 교육의 내용은 성문 토라인 성경과 구전 토라인 미쉬나, 탈무드, 미드라쉬입니다.

한마디로 말해서 유태인 교육의 중심, 가르침의 중심, 배

바르게 사는 방법을 가르치는 **유태인 교육법**

움의 내용은 바로 토라를 통하여 배우는 하나님입니다.

배움의 내용은 문자화된 토라의 범위 안에 갇혀질 수 있는가?

가르침과 배움의 내용은 기록되어진 성문 토라의 범위 안에 제한될 수 있느냐, 없느냐 하는 것이 문제로 등장합니다.

크리스천은 구약 성경을 특별 계시라고 해서 특별 계시 이외의 어떤 것도 경전으로 받아들이지 않습니다. 그러면 하나님은 특별 계시인 성경 안에 다 갇힐 수 있는 분이신가 하는 것이 문제입니다.

크리스천의 특별 계시인 성경 속에서 발견할 수 있는 하나님은 어떤 하나님이냐고 유태인들은 묻습니다. 이 특별 계시 속에서 발견할 수 있는 하나님은 은혜를 베푸시고, 구속 사건을 전개시켜나가시는 분이십니다. 성경은 이러한 사역을 행하시는 하나님을 계시하는 데에는 충분하지만 그 이외의 하나님의 다른 면을 완벽하게 계시해주지 못한

08 _ 탈무드가 말하는 배움의 기본적인 내용은 하나님

다고 유태인들은 말합니다.

　유태인들에 따르면 하나님은 모든 것을 다 아시고 모든 것을 다 하실 수 있는 분이십니다. 그러한 하나님을 성경에서 모두 다 알 수 있는 것은 아닙니다. 성경은 이 세상의 모든 것에 대해서 말하고 있지는 않습니다. 하지만 모든 것의 기원에 대해서는 말씀해주고 있다는 것입니다. 그래서 모든 것의 기원을 알려면 성경을 읽어야 합니다.
　성경은 구원의 사건을 위한 책이기 때문에 모든 것의 발전 과정이나 세부적인 내용에 대해서는 말하지 않습니다.

　크리스천의 입장에서 볼 때, 그저 성경 속에 있는 단어만 가지고 성경에서 이렇게 말하고 있다고 주장할 수는 없습니다. 예를 들어 "처녀가 잉태하여 아기를 낳으리니 그 이름을 임마누엘이라 하라"고 했을 때 여기서 처녀는 어떤 처녀를 말하는 것일까요? 이 말은 구약 성경에서 딱 한번 사용된 단어입니다. 바로 '알마' 라는 단어인데, 이 단어의 의미는 '젊은 여자' 라는 의미를 가지기도 합니다. 이 '알

바르게 사는 방법을 가르치는 **유태인 교육법**

마'를 마리아에게 연결시켜서 '동정녀'라는 한 단어에만 집착할 수가 있느냐 하는 것입니다. 그러니까 기록되어진 성문 토라의 단어 하나하나에만 우리가 집착할 수 있느냐 하는 문제입니다. 그 단어 하나하나에다 하나님을 제한시켜서 그 단어를 통해서 하나님을 찾을 수 있느냐 하는 것입니다.

그러한 사상에 뿌리를 둔 유태인들은 토라를 성문 토라로 제한하려 하지 않는다는 것입니다. 성문 토라에서 설명되지 않은 것은 구전 토라에서 배워야 한다고 그들은 말합니다. 그러므로 유태인들은 구전 토라를 필수적인 것으로 생각하고 가르치고 있습니다. 또한 구전 토라의 해석은 변증법적으로 시대의 조류를 따라서 끝없이 발달하고 확장해가고 있는 것입니다.

그 시대에 주어지는 상황에 따라서 토라의 원리를 재해석하며 적용하는 방법을 끊임없이 연구하여 나가며, 토라의 원리를 지키기 위하여 울타리를 계속하여 확장해가고 있는 것입니다. 그러므로 토라 연구는 끝없이 발전할 수

08 _ 탈무드가 말하는 배움의 기본적인 내용은 하나님

있다고 말하기 때문에, 토라의 완전한 해석을 마쳤다고 말할 수 있는 사람은 한 사람도 없다는 것이 그들의 주장입니다. 다시 말해서 "나는 토라를 완전하게 다 배웠다. 나는 토라에 대해서 다 안다"고 주장할 수 있는 사람은 한 사람도 없다는 것이 그들의 견해입니다. 그러므로 토라는 끝없이 연구되어져야 한다는 것입니다.

하나님의 말씀인 토라 그 자체에 변질을 주는 것이 아니라 토라의 줄과 줄 사이 행간은 그 당시의 상황과 환경, 사람에 따라서 달리 해석되어질 수 있다고 말하는 것입니다.

그러므로 3500년 전 모세가 시내산에서 토라를 받을 때 그들이 읽고 이해하였던 해석과 1천년 후의 해석, 또 2천년 후의 해석과 적용은 모두 다를 수 있다는 것입니다. 그래서 지금도 우리가 토라를 읽고 이해하고 적용할 때, 그 당시의 적용과 다르게 적용될 수 있다고 그들은 설명합니다.

토라가 행간에 의해서 연구되어지는 것은 개인적이거나

바르게 사는 방법을 가르치는 **유태인 교육법**

어떤 사변적인 것은 제외한다고 합니다. 어떤 개인이 토라를 해석하면서 내가 해석한 것이 정확한 것이라고 말하는 것, 또는 사변적으로 자기의 논리를 주장해가는 것은 완전히 반대하고 있다는 것입니다.

그렇기 때문에 이러한 실수를 막기 위하여 그들은 토라를 연구하는 그룹을 만들어야 한다고 가르칩니다. 그 당시의 현명한 사람들의 그룹 속에서 토라가 해석되어지고 적용되어져야만 한다고 가르치고 있습니다. 그 당시의 현명한 그룹들을 통해서 계속해서 토라는 재해석되고 다시 재적용되어야 한다고 가르치는 것입니다.

탈무드에서 모세와 토라(오경)에 관련된 홍미 있는 이야기를 읽을 수 있습니다.

> 모세가 하늘나라에서 어느 날 아침, 잠자리에서 일어났습니다. 모세가 하나님을 찾아 갔는데 하나님께서 물으셨습니다. "오늘 아침에 무슨 걱정이 있느냐? 안색이 안 좋구나." 모세가 하나님께 질문하였습니다. "우주의 하나님이

08 _ 탈무드가 말하는 배움의 기본적인 내용은 하나님

여! 누가 토라에 무엇을 더하는 것을 요구했습니까?" 모세가 자신이 하나님으로부터 받아 기록한 토라에 계속하여 행간 해석을 첨가하여 나가는 것을 바라보며 질문한 내용입니다. 왜냐하면 모세 자신이 그 말씀의 행간 해석이 무슨 뜻인지 이해할 수 없었기 때문입니다. 하나님이 말씀하시기를 "네가 정녕 알고 싶으냐?"라고 하니까 모세가 "예" 하고 대답을 했습니다.

하나님께서 말씀하시기를 "뒤로 돌아서라"고 하셨습니다. 그래서 모세가 뒤로 돌았습니다. 그러니까 하나님께서 "앞으로 가라"고 하셨습니다. 모세가 앞으로 가다가 어느 교실 앞에 서게 되었습니다. 바로 유명한 랍비 아키바가 성경을 가르치고 있는 교실이었습니다. 유태인들은 랍비 아키바를 예수님과 동등하게 보는 유명한 사람입니다. 오히려 예수님보다 더 성경적인 인물이라고 하는 사람들도 있습니다.

예수님은 십자가 위에서 "엘리 엘리 라마 사박다니"하며 소리치고 돌아가셨지만, 아키바는 정말 잠자는 순한 양같이 죽은 사람이라고 하면서 성경의 말씀을 이룬 인물이라

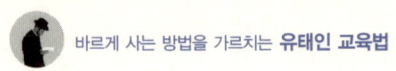
바르게 사는 방법을 가르치는 **유태인 교육법**

고 유태인들은 말합니다. 모세는 그 유명한 랍비 아키바가 성경을 가르치는 교실 앞에 다다르게 되었습니다. 모세는 교실에 들어가 여덟 번째 줄에 앉았습니다. 그러나 강의를 듣는데 무슨 말을 하는지 도무지 알 수가 없었습니다. 한 대지가 끝난 후에 한 학생이 질문하였습니다.

"랍비여, 그 말씀은 어디에 근거하여 말씀하신 것입니까?" 아키바가 대답하기를 "모세의 글에서 근거하여 설명한 것이네"라고 했습니다. 그래서 모세는 더 큰 고민을 가지고 하나님 앞으로 돌아왔습니다. 돌아온 모세가 하나님께 말하기를 "우주의 하나님, 도대체 저는 도무지 이해하지 못하고 알지 못하는 말을 하는데 그렇게 똑똑하고 그렇게 현명한 사람이 있는데 왜 나같이 무지한 것을 선택해서 토라를 기록하게 했습니까?"라고 하나님 앞에 서서 이야기했습니다. 그때 하나님이 말씀하셨습니다. "조용히 있거라, 그것은 내 맘이다."

모세가 하나님께 그 말씀의 원뜻이 무엇인지 묻자 하나

08 _ 탈무드가 말하는 배움의 기본적인 내용은 하나님

님께서는 "사실 나도 모른다"고 하셨습니다.

그러니까 성경에 기록되어 있는 것을 "한마디로 그 뜻이 무엇입니까?" 하고 물으면 하나님 자신도 모른다고 대답할 수밖에 없다고 가르칩니다.

이 말씀은 딱 한마디로 대답할 수는 없다는 것입니다. 왜냐하면 과거와 지금은 여러 가지 조건이나 환경, 사람이 다르기 때문에 달리 해석될 수 있기 때문이라는 것입니다.

그들은 가르치기를 모세는 성문 토라를 하나님으로부터 운반하여 왔다고 가르칩니다. 그러나 그는 토라 안에 있는 해석이나 결론, 그 깊이에 대해서는 완전하게 깨닫지 못했다고 이야기하고 있습니다.

모세가 토라를 하나님으로부터 운반해올 그 당시에는 이해했었습니다. 그러나 그 이후의 시대에서는, 달라진 상황 속에서는 그 결론이나 적용하는 의미에 대해서 이해하지 못했다는 것입니다.

어떤 의미에서 본다면 토라를 설명해가는 이 추론들이

바르게 사는 방법을 가르치는 **유태인 교육법**

토라에서 뽑힌 것만은 사실입니다. 그러나 이 토라에 대해서 재해석하는 그 사람들에 의해서 토라는 영향 받고 있다고 말하고 있는 것입니다.

그렇다면 요즘의 개신교는 여기에 영향을 받지 않습니까? 주석을 보면 주석을 쓰는 사람마다 전혀 다른 해석을 하고 있기도 합니다. 여기서 성경을 연구하는 사람들이 한 번 생각해야 할 것은 그 자신들이 성문 토라를 교과서로 선택해서 연구하고 있는데 이것을 재해석해주고 있는 전통이나 습관이나 관습이나 이러한 것들이 이들이 공부하는 것들의 내용 속에서 큰 비중을 차지하고 있다는 것을 기억하라는 것입니다. 구전 토라는 성문 토라를 바르게 이해하고 적용하는 데 있어서 필수불가결한 도구라는 것입니다. 그러므로 유태인들은 말하기를 "심지어 하나님께서도 말씀의 해석의 문제에 있어서 마지막 답변을 안 주신다"고 합니다.

결론적으로 유태인들의 교육 철학은 "신성한 배움의 세

08 _ 탈무드가 말하는 배움의 기본적인 내용은 하나님

계, 신성한 가르침은 어떤 마술이나 환상, 공식을 통해서가 아닙니다. 또한 인간의 권위나 하나님의 어떤 신적인 권위를 통해서가 아니라 단지 인내와 인간의 연구와 배움의 끝없는 과정을 통해서 접할 수 있다"는 것입니다.

그래서 유태인들은 유대교 교육보다 하나님에게 가까이 가는 데 더 크게 공헌할 수 있는 것은 아무 것도 없다고 말합니다. 이것이 유태인들의 교육 철학입니다.

그렇기 때문에 인간이 하나님께로 가까이 가는 최상의 길은 교육이라는 것입니다. 그러므로 유태인들은 유대교와 유대교 교육을 믿는다고 말하는 것입니다.

Jew's Method

09

유태인 교육의 목적

유태인들은 그들의 교육목표를 이루기 위해
어린 아이들에게 제일 먼저
영적인 유산에 대해 가르칩니다.

9 유태인 교육의 목적

교육의 목표

쟌 락크는 "교육은 신사를 만든다"라고 했습니다. 일반적인 사람들의 보편적인 교육 목적은 일반적인 지식을 통해서 바른 인간을 키워나가는 것입니다.

이렇게 바른 인간을 키워나가는 첫 번째 목적은 사회에 공헌하기 위해서입니다. 사회가 필요로 하는 사람을 만들어간다는 것입니다. 두 번째로는 그 개인을 올바른 인간으로 세우는 것이라고 합니다. 이러한 목표를 가지고 교육의 종점을 향하여 달려가다 보면, 사람은 먹고 살기 위하여 교육을 한다는 것입니다.

그러면 유태인의 교육 목적은 다른 것이 있습니까? 있다

바르게 사는 방법을 가르치는 **유태인 교육법**

면 그들의 교육 목적은 무엇입니까?

그들의 교육 목적을 한마디로 말하는 것은 어렵습니다. 왜냐하면 그들은 전 세계에 흩어져 살고 있기 때문입니다. 그러므로 유태인 교육을 연구하려면 먼저 '누가 유태인이냐' 하는 것을 정의하여야 할 것입니다. '이스라엘 사람이 유태인이냐, 유태인이면 이스라엘 사람이냐' 를 많은 사람들은 혼란스러워 합니다. 이스라엘 민족이 몇 명이나 되는지, 인구수도 정확하게 알 수 없습니다.

이러한 환경에서 우리가 관심을 가지고 찾아보고자 하는 것은, 전 세계에 흩어져 있는 유태인들이 이루고자 하는 교육의 최종적인 목표가 무엇이냐 하는 것입니다.

이스라엘 사람들은 사회에서 성인으로서의 역할을 위한 기능을 가르치기 위해서 학생들을 교육시키지 않는다는 원칙을 가지고 있습니다. 또한 그들의 후손들에게 기술적인 훈련을 제공하기 위해서 교육을 시키지도 않습니다. 일반 교육에서 다루는 어떤 우주적인 문화나, 사회적 인물을

09 _ 유태인 교육의 목적

양육하는 것과 같은 교육을 하거나 연구하지 않습니다. 그렇다면 우리가 생각하고 있는 교육 목적과는 완전히 다르다는 것을 알 수 있습니다.

그러면 그들의 교육 목적은 무엇일까요? 유태인들이 전 세계 어느 나라에 거주하든지 어린 아이에게 가르치는 가장 기초적이고 기본적인 가르침의 목표는 유태인으로서의 삶을 시작하게 히기 위한 것이며, 이떻게 하면 유대인으로서의 싊을 바르게 시작할 수 있겠는가 하는 것입니다.

마찬가지로 크리스천 교육도 '어떻게 하면 기독교인으로서의 삶을 바르게 시작할 수 있을 것인가' 에 대한 문제를 해결하면 바르게 될 것이라는 생각이 듭니다.

유태인들은 그들의 교육목표를 이루기 위해 어린 아이들에게 제일 먼저 영적인 유산에 대해 가르칩니다. 이들이 전통적으로 물려받은 영적인 유산을 전수하여줌으로써 2세들이 유태인으로서의 삶을 시작하도록 하는 것이 그들

바르게 사는 방법을 가르치는 **유태인 교육법**

의 일차적인 목표가 되는 것입니다.

 그래서 "하나님이 너희를 선택했다. 하나님이 너를 뽑았다. 너는 너 자신의 것이 아니고 하나님의 것이다"라는 것을 가르치는데 이것을 가르치기 위해서 제일 먼저 성문 토라, 성경을 가르칩니다. 다시 말해서 성경을 통해서 하나님으로부터 선택을 받은 선민으로서의 삶을 시작해야 한다는 것을 제일 먼저 가르쳐야 한다는 것입니다.

 그 다음으로 유태인으로서, 하나님으로부터 선택 받은 사람으로서 지녀야 하는 위엄과 존재의 가치를 높이는 교육을 합니다. 어떻게 하면 유태인으로서의 위엄을 높이게 해주고 유태인으로서 존재하고 있는 데 대해서 자긍심을 가지도록 해 주느냐를 가르치려고 노력합니다. 이러한 교육을 통하여 자신들의 선민사상을 고취시켜 줄 수 있느냐 하는 것이 그들의 목표인 것입니다. 이러한 목표를 이루기 위하여 그들의 역사, 전통, 관습, 문화를 가정에서 회당에서 공동체에서 부지런히 가르칩니다.

09 _ 유태인 교육의 목적

　일반 교육의 목표가 사회에 대한 공헌이며 사회를 위해서 뭔가를 해야 한다고 가르친다면, 다음과 같은 사건이 발생하였을 때 어떻게 해야 하겠습니까?

　배가 항해하다가 불행하게도 파선하여 모든 사람들이 물에 빠졌습니다. 이때 겨우 한 사람이 매달릴 만한 통나무 하나를 발견하고 가까스로 잡고 보니, 반대편에 우리나라에 없어서는 안 될 사람이 이미 잡고 있는 것이 아니겠습니까? 그러나 두 사람이 함께 매달려 있다면 둘 다 죽을 수밖에 없습니다. 어떻게 하시겠습니까? 진정으로 사회에 대해서 공헌할 수 있도록 교육 받은 사람이라면, 나라를 위해서 중요한 그 사람을 살리도록 가르칠 것입니다.

　그러나 유태인들은 사회에 공헌하기 위한 교육이 아니라 사회를 창조할 수 있는 교육, 이 세상에 있는 모든 사람들이 그 사회에 들어와서 살 수 있고, 그 사회에 대해서 공헌할 수 있는 사회를 만드는 것이 교육 목표입니다. 정말 이들의 교육 목표는 상당히 높습니다. 그러면 이러한 교육

바르게 사는 방법을 가르치는 **유태인 교육법**

은 무엇을 통해서 이루어질 수 있습니까?

토라는 이들에게 있어서 역사적으로 전통적으로 관습적으로 문화적으로 정신적으로 깊게 뿌리내리고 있습니다. 토라를 그들의 환경에서 바르게 적용하여 재해석하게 될 때, 이러한 사회를 창조할 수 있다고 가르칩니다. 그리고 이 가르침은 '너희들이 사회를 주도해가는 사람이다' 라는 것을 말해줍니다. 그러니까 그들의 후손들이 하나님의 선택받은 사람으로 온 세상, 전 세계를 쥐고 흔들고 주도해나갈 사람으로 세우는 것이 교육이라는 것입니다. 그래서 그들의 교육 목표 가운데 가장 중요하게 여기는 것이 100퍼센트의 유태인이면서 100퍼센트의 세계인이 되도록 양육하는 것입니다.

이스라엘 사람들은 어린이들에게 유태인으로서의 삶을 바르게 시작하도록 교육하고 또 그들의 존재의 위엄을 높여갈 수 있도록 가르치며 사회를 창조해갈 수 있도록, 그 사회 전체를 인도해갈 수 있도록 가르치려고 노력합니다.

09 _ 유태인 교육의 목적

그렇다면 유태인들의 교육이 어른들에게는 어떤 영향을 줄 수 있을까요?

첫째로 유태인들의 생존과 복지를 증진시키는 데 있어 지속적인 교육의 의의를 둡니다. 즉 어떻게 하면 유태인으로 살면서 공동체적인 복지를 증진시킬 수 있느냐 하는 데 그들의 장년 교육의 초점이 맞추어져 있습니다. 그렇기 때문에 한 사람이라도 못사는 사람이 나타나면 100퍼센트 지원을 해줍니다.

둘째로 후배, 후손들을 어떻게 완전한 유태인으로 만들 수 있느냐 하는 것입니다. 유태인들은 이러한 목표를 이루기 위해서 하나님의 말씀, 토라를 끊임없이 연구합니다. 그리고 그 시대의 현인들과 선생님들이 모여서 토라를 재해석해주며 가르쳐주는 대로 살려고 노력합니다. 그리고 이렇게 재해석해주는 랍비(선생님) 앞에 가면 그들은 최상의 존경을 표시합니다.

유태인 교육의 한계점과 문제점

유태인은 하나님의 선민이고, 택한 백성이고, 하나님께서 세상으로부터 특별하게 구별시킨 백성인데 어찌하여 600만 대학살과 같은 사건이 일어날 수 있느냐 하는 것입니다.

정말 하나님이 우리를 선택하셨다면, 하나님이 우리를 지키신다면 600만이라는 대량 학살이 가능한 것이냐 하는 것이 지금에 와서 그들에게 의문으로 나타나는 것입니다.

유태인들에게 이러한 역사적인 사실을 어떻게 설명할 것인가 하는 것이 그들의 한계점입니다. 이런 사건들이 그들의 교육 목표를 설정해 나가는 데 문제점으로 지적되고 있습니다. 그들은 자기들의 교육 목표를 설정하고 교육하는 데 있어서 문제점들을 확실하게 파악하고 있다는 것입니다.

하나님이 우리를 선민으로 선택하시고 구별해 주셨는데

09 _ 유태인 교육의 목적

어떤 시대에는 철저하게 보호를 해주셨습니다. 성경에 보면 이집트에서 해방함을 받을 때에는 원수에게 재앙을 내리고, 원수를 꼼짝 못하게 구름 기둥으로, 불기둥으로 보호하시고, 홍해를 건널 때는 원수를 바다 속에 수장하셨습니다. 이때의 사건을 예로 들어 이사야서 43장 2절에 "네가 물 가운데로 지날 때에 내가 함께할 것이라 강을 건널 때에 물이 너를 침몰치 못할 것이며 네가 불 가운데로 행할 때에 타지도 아니할 것이요 불꽃이 너를 사르지도 못하리니"라고 기록하고 있는 것입니다.

그리고 근대에 와서는 육일 전쟁 때 적군이 안식일에 쳐들어오는데 벌들이 탱크 속으로 들어가서 운전병들을 쏘아서 쳐들어오지 못하게 했던 사건, 이러한 사건들이 있는데 어떻게 해서 대량 학살이 이루어질 수 있느냐 하는 것이 문제로 지적됩니다. 그때에는 하나님께서 주무시고 계셨느냐는 것입니다. 이러한 사건을 어떻게 재해석하고 가르쳐야 하는가가 문제입니다.

바르게 사는 방법을 가르치는 **유태인 교육법**

그래서 그들은 시간의 문제(Sense of Time)에 대해서 심각하게 문제를 제기하고 있습니다. 그리고 장소의 문제(Sense of Space)에 대해서 또한 문제점을 제시하고 있습니다.

어디에 있는 것이 유태인이냐 하는 것입니다. 다시 말해서 유태인으로서의 공간은 어디냐는 것입니다. 이스라엘 시민들 중에는 유태인이 아닌 사람들도 상당수 있습니다. 유태인이라고 해서 100퍼센트 다 이스라엘 사람들인 것도 아닙니다. 그렇다면 우리의 공간은 어디를 어떻게 생각하고 차지해야 하느냐, 이런 것들이 문제점으로 지적이 되고 있는 것입니다.

그렇다면 유태인 됨은 도대체 무엇입니까? 그들에게 있어서 전통적인 교육을 시켜나가다 보니까 당면하는 문제가 시간, 공간과 자아의식의 문제로 등장하는 것입니다. 이것을 어떻게 하면 해결할 수가 있습니까? 이것을 가지고 고민하고 있는 것이 그들 교육의 현주소입니다.

Jew's Method

10

현대 유태인들이
당면한 교육의 현실

교육을 연구하는 선생님들이 내린 결론은
'우리의 교과서는 다시 성경으로 돌아갈 수밖에 없다',
'우리의 교과서는 하나님의 말씀이다' 라는 것입니다.

10 현대 유태인들이 당면한 교육의 현실

유태인 교육의 문제점 발견

 유태인 교육의 목적은 어린이들에게 유태인으로서의 삶을 시작하게 하여 유태인의 생활이 그들에게 습관이 되도록 하는 것입니다.
 부모들은 유태인으로서의 생존과 복리를 증진시키고, 유태인들의 삶을 그들의 경험이나 관습을 통해서 재해석해서 '어떻게 하면 후손들로 하여금 아름다운 유태인으로서의 생활을 하도록 할 수 있을까' 하는 목표를 가지고 교육합니다. 그러면 유태인들의 이러한 교육에는 문제점이 없을까요? 그들의 교육에 문제점이 있다면 어떤 것일까요?

 현대 산업사회에 있어서 유태인 교육이 직면하는 문제

바르게 사는 방법을 가르치는 **유태인 교육법**

는 고대와 근대 사이에서 비교해 볼 때 문화, 정신, 철학, 관습의 변화의 차이가 크다는 것입니다. 유태인들은 고대에는 주로 종교교육을 중심으로 교육하였습니다. 교육 자체가 바로 예배고, 의식이고, 관습이었습니다.

이러한 의식을 가지고 유태인들은 초기 시대의 교육을 시켰는데 근대에 와서는 이런 것들을 적용시키려고 노력하나 잘 맞아떨어지지 않는 경우가 많은 것이 현실입니다.

고대에는 이들의 삶의 전 영역을 통해서 나타나는 것이 종교교육 속에서 이루어졌습니다. 이것이 근대에 오면서 특히 미국에서는 개방의 물결을 타면서 변화를 가져오게 되었습니다.

이들의 초기 교육기관은 제일 먼저 가정이었고, 그들의 회당이 종교교육 기관이었습니다. 그 다음에 학교가 있었는데 이 학교보다는 그들의 공동체가 더 중요한 교육의 장이었습니다. 다시 말해서 고대에는 가정과 회당과 공동체에서 교육하였습니다. 그러나 근대에 와서 그들은 이러한 현실로 인하여 과거 교육의 목표를 재설정해야 한다고 말합

10 _ 현대 유태인이 당면한 교육의 현실

니다.

유태인들도 개방된 사회를 바라보면서, 젊은 사람들은 가정과 회당과 공동체로부터 자유로워지기를 원하는 것이 현실입니다. 자유로워지기 위해서 해방을 허락하면 가정과 회당과 공동체는 서로서로 연결이 되지 못하는 현실에 직면하게 됩니다.

이러한 현실에 직면하면서 그들에게 문제점이 나타나기 시작했습니다. 문제점으로서 제일 먼저 나타난 것은 언어소통의 문제였습니다. 종교교육을 철저하게 시킬 때는 그들의 언어인 히브리어를 반드시 공부해야 했습니다. 그러나 요즘의 유태인들은 히브리어를 제대로 공부하지 않습니다. 심지어 이스라엘의 히브리 대학에서도 일부 학과를 제외하고는 영어로 강의를 진행하는 것이 현실입니다.

또한 고대에는 종교교육과 예배의 관습 등을 후손들에게 철저하게 교육시켰는데 사실은 종교적이면서 추상적인 교육이기도 했습니다.

"너는 하나님의 백성이다. 너는 하나님의 아들이다. 너의 고향은 하늘나라다. 너는 죽으면 하늘나라로 돌아간다."

이러한 추상적인 교육을 시키다 보니까 실용주의, 즉 실제적인 교육을 시키는 미국의 교육과는 차이가 너무 커서 미국에 사는 유태인들에게 유태인 교육의 문제점이 지적되기 시작했습니다. 계속하여 전통적인 유대교 교육을 고집한다면 고립될 수밖에 없다고 주장하기 시작한 것입니다. 왜냐하면 다른 사람들과의 교육적인 교통이 없기 때문입니다.

그들은 고립될 수밖에 없다고 말하면서 "우리는 연약하다"고 말합니다. 이스라엘 사람들은 자기들의 공동체가 연약하다는 것을 인식하고 있습니다. 연약한 공동체를 통해서 하나님께서 자신들에게 허락하신 이 사회에서 정복하고 다스려 나가려면 흩어져서는 안 된다고 말합니다. 연약한 공동체 속에서 자유로워지고, 해방이 되어서 공동체에서 완전하게 떨어져나간다고 하면 끝장이라는 것이 그들이 지적하는 교육의 문제점입니다.

우리가 어떻게 하면 연약한 공동체이지만 흩어지지 않고 하나님이 우리에게 주신 직분을 감당하고, 하나님이 우리에게 허락하여주신 이 모든 것을 다스릴 수 있을지 방법을 찾아야 하지 않겠느냐는 것입니다. 이것이 유태인들이 가장 중요하게 여기는 교육의 문제점입니다.

문제 해결방법

유태인들은 자신들이 발견한 교육의 문제점을 어떻게 해결할까요? 미국에서 개방의 물결이 타고 들어오니까 이것을 어떻게 흡수하느냐 하는 문제가 지적되었습니다. 하나님께서는 개방된 사회도 우리에게 맡겼습니다. 그러니 이것을 우리가 어떻게 대처할 것이냐 하는 것이 문제입니다.

이러한 문제점을 우리가 어떻게 처리하고, 어느 정도까지 수용하고, 어느 정도까지 받아들이고, 어느 정도까지 우리가 같이 교육을 해야 하느냐 하는 것이 이들의 문제점으로 지적되고 있는데 그것에 대한 해결 방안은 무엇입니까?

바르게 사는 방법을 가르치는 유태인 교육법

한 가지 방법밖에는 없다고 말합니다. 그 방법은 바로 "돌아가자" 입니다. 해결 방안은 다시 종교와 관습과 의식과 예배의 교육으로 돌아가자는 것입니다.

유태인들은 스스로 자기들의 교육을 평가하며 무엇이 잘못되었는가를 묻습니다. 그리고 그들 스스로 대답하기를 종교교육을 바르게 하지 못하였다고 결론을 내리며 바르게 고쳐야 한다고 말합니다. 그리고 종교교육을 바르게 하지 못한 것이 무엇인지, 어디에서부터 잘못된 것인지, 어떻게 잘못시켰는지에 대해 이렇게 말합니다.

"우리가 종교교육을 할 때 아이들에게 종교가 삶이 아닌 하나의 의식이 되었다. 또한 하나의 관습이 되었다."

이들이 하는 종교교육 자체가 진정 하나님이 함께하신다는 교육이 아니라 "너는 이렇게 살아야 된다, 너는 이렇게 해야 된다"는 식으로 강요하다 보니까 아이들이 보기에는 다른 집 아이들에게는 이런 의식이나 관습이 없는데, 왜

10 _ 현대 유태인이 당면한 교육의 현실

우리는 이런 의식이나 관습에 얽매어 있어야 되는가를 생각하게 된다는 것입니다. 교육을 받는 어린이들의 관점에서 보면 분명히 의문이 생기며 문제가 일어나는 것입니다. 그러므로 지금은 의식이나 관습에 강조점을 두는 것이 아니라 종교에 강조점을 두는데 유대교는 종교가 아니라는 것을 주장하고 있는 것입니다.

다시 말해서 유대교는 종교가 아니고 바로 우리의 공동체라는 것입니다. 우리의 공동체가 존재하기 위해서는 유대교가 존재해야 한다고 가르치고 있는 것입니다. 그들은 말하기를 우리의 유태인 공동체가 존재하는 것은 유대교가 존재할 때 가능하다고 합니다.

그렇다면 유대교가 무엇입니까?

기독교나 몰몬교에서는 유대교와 다른 경전 즉 신약성경을 받아들이는데 유태인들은 신약성경을 받아들이지 않습니다. 그래서 유태인들은 기독교나 몰몬교에서 신약성

바르게 사는 방법을 가르치는 **유태인 교육법**

경을 받아들이는 것에 대하여 거부하는 명분을 찾으려고 노력하는데 분명한 명분을 찾지 못할 뿐만 아니라 제시해 주지 못하고 있습니다. 다시 말해서 신약성경이 하나님의 말씀이 아니라는 증거를 제시하지 못한다는 것입니다.

역으로 유태인들에게 신약성경을 왜 받아들이지 못하느냐고 물으면 단지 구약성경을 잘못 해석한 것이라는 대답 외에는 뚜렷한 대답을 하지 못합니다. 거부할 수 있는 방법을 찾으려고 하는데 사실은 완벽한 거부 방법을 찾지 못한 것입니다.

어쨌든 유대교 기독교 몰몬교 모두가 인정하는 것은 구약성경은 경전이라는 것입니다. 그러면 "이 경전이 무엇을 가르치느냐?"고 물을 때, 유태인들은 대답합니다. "사람이 이 세상에서 어떻게 바르게 살 수 있느냐를 가르친다."

잘못하면 오해할 수도 있습니다. 그들의 경전이 이 세상에서 바르게 사는 방법을 가르친다면 내세에 대해서는 별로 중요하게 생각하지 않는 것처럼 들릴 수도 있기 때문입니다.

왜냐하면 하나님의 말씀인 성경은 이 세상에서 어떻게 하면 하나님을 믿는 사람이 바르게 살 수 있는가를 계속하여 가르치고 있습니다. 그러므로 이 세상에서 바르게 사는 것이 그들의 목적이 된 것입니다. 그러니까 그들은 세상에서 바르게 사는 것을 목적으로 교육을 시켜왔는데 미국의 개방 물결을 타고 보니까 자기들의 사는 것이 별로 잘 사는 것이 아니라는 것을 알게 되었습니다.

이렇게 되니까 유태인 공동체는 계속하여 침체의 늪으로 빠져들고 연약해진 공동체는 많은 고통을 당하게 되어 '대량학살이 웬 말입니까?' 라는 의문에 사로잡히기까지 된 것입니다. 또한 '왜 우리 공동체를 향한 원수들이 많은가?' 라는 의문이 일어나기 마련입니다.

이런 환경에서 "왜 우리가 다른 민족과 다르게 존재해야 하느냐"는 것이 2세들의 질문입니다. "우리도 여기서 탈피

바르게 사는 방법을 가르치는 **유태인 교육법**

해서 다른 사람들과 똑같이 경쟁하면서 살아야 하지 않느냐" 하는 것이 문제점으로 등장하면서 다시 교육을 시켜야 하는데 이제 성경을 재해석하여야 할 시기에 이르렀다는 것입니다.

주전 530년경 유태인들이 바벨론 포로에서 돌아온 후 유태인들은 흔들리기 시작하였습니다. 바벨론과 페르시아로부터 문화적 충격을 받은 사람들은 성경이 과연 우리의 삶의 지표가 될 수 있는가, 성경은 구시대적인 것이 아닌가 하는 의문에 휩싸였기 때문입니다. 이러한 시점에서 에스라는 성경을 읽어주고 해석해주고 설명해주는 과정을 통하여 성경으로 돌아가야 하는 이유를 설명하며 성경으로 돌아가야 한다고 가르쳤습니다. 지금이 바로 이러한 시점에 와 있다는 것입니다.

성경을 바르게 교육함으로써 삶의 중심이 성경이라는 교육을 바르게 해야 할 시점이기에 성경으로 돌아가야 한다는 것입니다.

결국은 이 세상에서 살아가는 것은 시간대 속에 들어와 잠시 사는 것이라고 강조합니다. 우리가 이 세상의 시간대에 들어오기 이전은 영원한 세계이고 시간대 이후도 역시 영원한 세계라는 것입니다. 그러므로 이제는 이 세상에서만 바르게 사는 것이 아니라 전 삶의 중심이 성경이라는 교육을 하여야 합니다.

이제는 성경이 단지 우리가 하나님의 백성으로서, 하나님의 선민으로서 이 세상에서 어떻게 바르게 사느냐 하는 것을 가르치는 것이 아니라, 다시 말해서 이제는 그 당시, 그 시간대 속에서만 바르게 사는 것이 아니라 우리의 전 생애 중에서 어떻게 하면 하나님을 표현하며 살 수 있느냐 하는 것으로 초점이 맞춰지고 있는 것입니다. 이렇게 성경이 모든 것의 중심이 되다 보니까 이제는 이들에게도 성경이 중심이 되고 성경은 하나님의 말씀이라는 데로 다시 초점을 맞추게 되는 것입니다.

바로 성경을 통해서 그들은 문제점들을 해결하려고 노력하고 있습니다. 그렇다고 하면 하나님의 말씀이 역사를

바르게 사는 방법을 가르치는 **유태인 교육법**

통해서 나타나는데 하나님의 말씀이 정말 유태인들의 전 삶의 중심이었는데 어떻게 대학살 같은 것이 나타나야만 되느냐 하는 문제가 다시 제기됩니다.

　이렇게 되었을 때 역사란 성경이 중심이 되어야 하고, 하나님의 말씀이 전 역사를 주관해 가는 것이라고 가르치는데 '이 역사가 무엇이냐'라고 할 때 하나님의 의지, 그리고 인간의 의지의 상호작용이라고 유태인들은 이야기하고 말합니다. 그러면 하나님께 하나님의 의지가 있고 인간에게는 인간의 의지가 있는데 이 두 의지가 일치할 때, 다시 말하면 인간이 자기의 의지를 죽이고 하나님의 의지에 맞출 때에 인간이 사는 세상에는 번영이 오고, 복리가 오고, 잘 사는 세상이 되는 역사가 펼쳐지고 전개될 것입니다.

　그러나 인간의 의지가 하나님의 의지와 동떨어질 때, 인간의 의지가 하나님의 의지를 무시해버리고 인간의 의지로 살아가려 할 때, 바로 그때 하나님의 심판이 있고, 하나님은 그 심판을 통해서 그의 백성을 바로잡으려고 교육하신다는 것입니다. 그렇게 함으로 말미암아 역사 속에 나타

10 _ 현대 유태인이 당면한 교육의 현실

난 대학살 같은 것은 무엇 때문에 나타났느냐 하면 하나님의 심판의 한 종류로 나타났다고 그들은 가르치고 있습니다. 그래서 우리가 하나님을 잘 믿지 않을 때, 말씀대로 바르게 살지 못할 때 그런 일이 일어날 수 있다고 가르칩니다.

그렇기 때문에 이스라엘 사람들은 전 세계에 있는 2차 대전 당시의 포로수용소들을 자기들의 돈을 주고 사서 다시 복원을 해서 그대로 놔두고 과거에 그곳에서 있었던 일을 사진으로 정리해놓고 그들의 후손들에게 자세하게 보여주며 산교육을 실시합니다.

너희 조상들은 이렇게 당했다는 것을 교육하는 것입니다. 왜, 언제 그렇게 되었느냐는 것입니다. 하나님의 말씀을 떠날 때, 하나님의 뜻을 이루는 바른 삶을 살지 않을 때라고 말합니다.

그리고 유태인 지도자들에게 새로운 질문이 던져집니다. 이제 우리가 성경 중심으로 사는데 이 개방의 물결을 타고 들어오는 변화에 대해서 어떻게 대처할 것인가 하는

바르게 사는 방법을 가르치는 **유태인 교육법**

것입니다.

그들이 말하는 변화의 대처 방안은 '변화를 주도하는 것' 입니다. 이 세상에 있는 일반 교육은 사회의 영향을 받지만 우리 유태인들의 교육은 이 변화되는 사회의 영향을 받는 것이 아니라 변화되는 사회에 영향을 주어야 한다는 것입니다. 그러니까 교육이 사회의 영향을 받는 것이 아니라 유태인의 교육은, 바로 우리의 교육이 변화하는 이 사회에 영향을 주어야 한다고 강조하고 교육하는 것입니다. 이런 것을 볼 때 이들의 교육은 정말로 위대하다는 생각을 하지 않을 수 없습니다.

그들은 이런 생각을 가지고 교육하면서 나타나는 문제점들을 어떻게 해결해야 할지에 대해 토론하면서 하나님의 말씀에 얼마만큼 헌신하느냐에 유태인의 생존이 달려있다고 강조하여 가르칩니다.

이스라엘 사람들이 만나는 환경은 전 세계에 흩어져 있기 때문에 아주 다양합니다. 이 다양한 가운데서 이스라엘 사람과 유태인을 어떻게 정의할 수 있느냐 하는 것입니다.

10 _ 현대 유태인이 당면한 교육의 현실

 이스라엘인이 유태인이냐? 유태인이 이스라엘인이냐? 이것이 문제가 됩니다.
 이스라엘 사람들 중에도 유태인이 아닌 사람들이 많이 있습니다. 또 유태인이면서도 이스라엘 사람이 아닌 사람도 많이 있습니다. 여기서 이스라엘 사람이라고 말하는 것은 이스라엘의 시민권을 가지고 있는 사람을 말하고, 유태인이라는 말은 유대교에 입교한 사람을 말하고 있습니다. 그러니까 유대교를 믿기로 결정하고 믿음을 고백하고 개종한 사람은 유태인이라고 부릅니다. 그러면 결국 유태인도 이스라엘인이 아니고, 이스라엘인도 유태인이 아니라는 것입니다.

 이렇게 되면 이스라엘인이 유태인이라는 말은 성립되지 않으므로 이들에게 있어서는 어떤 민족이나 혈통은 벗어나 있습니다. 이제는 이들도 순수한 유태인을 말할 때 하나님의 아들과 딸들을 유태인이라고 말하고 있습니다.
 하나님의 아들과 딸이라고 말할 때 기독교인들은 하나님의 아들과 딸이 아닌가 하면 기독교인들도 하나님의 아

바르게 사는 방법을 가르치는 유태인 교육법

들과 딸이 됩니다. 우리도 영적으로 다함께 아브라함의 자손이요, 서울을 동방의 예루살렘이라고 합니다. 이들에게 있어서도 유대교로 개종한 사람들은 모두 유태인이기 때문에 유대교로 개종한 유대교인이 세상을 변화시켜야 한다는 것입니다.

그러면 기독교인들은 유태인이라고 말할 수 있느냐, 하나님의 아들이라고 말할 수 있느냐고 했을 때 유태인들은 아니라고 말합니다. 유태인의 입장에서는 기독교인들은 유대교로 개종하지 않았기 때문에 유대교의 입장에서는 예수교라는 것입니다.

유대교는 하나님을 섬기는 하나님교이고 기독교는 예수님을 섬기는 예수교라는 것입니다. 하나님을 섬기는 하나님교가 아니기 때문에 기독교인들은 하나님의 아들이 아니라는 것입니다. 따라서 우리가 생각하기에는 유태인들은 예수를 믿지 않기 때문에 구원이 없다고 하는데, 유태인들은 하나님을 섬기지 않고 예수를 섬기기 때문에 하나님의 아들이 아니고, 하나님의 아들이 아니기 때문에 기독교

10 _ 현대 유태인이 당면한 교육의 현실

에는 구원이 없다고 말하기까지 합니다.

그렇기 때문에 유대교의 교육을 통해서 이 변화하는 세상을 변화시켜 나가고, 변화하는 세상에 영향을 줄 수 있는 교육을 시켜야 한다고 이들은 주장하고 있는데, 이렇게 전 세계에 흩어져서 다양한 환경 속에 있는 그들을 한데 묶어주는 것은 무엇이냐 하는 것이 큰 관심사입니다.

무엇이 이들을 하나로 묶어주는가?

이들을 하나로 묶어주는 힘은 땅에 대한 사랑입니다. 즉 이스라엘의 땅에 대한 사랑이 그들을 하나로 묶어주는 것입니다. 전 세계에 흩어져 있을지라도 그들의 관심은 이스라엘 땅에 있는 것입니다. 그리고 그 땅에 대한 사랑은 하나님의 말씀인 성경에서 출발합니다.

여호와께서 권능으로 내게 임하시고 그 신으로 나를 데리고 가서 골짜기 가운데 두셨는데 거기 뼈가 가득하더라 나를 그 뼈 사방으로 지나게 하시기로 본즉 그 골짜기 지면

바르게 사는 방법을 가르치는 유태인 교육법

에 뼈가 심히 많고 아주 말랐더라 그가 내게 이르시되 인자야 이 뼈들이 능히 살겠느냐 하시기로 내가 대답하되 주 여호와여 주께서 아시나이다 또 내게 이르시되 너는 이 모든 뼈에게 대언하여 이르기를 너희 마른 뼈들아 여호와의 말씀을 들을지어다 주 여호와께서 이 뼈들에게 말씀하시기를 내가 생기로 너희에게 들어가게 하리니 너희가 살리라 너희 위에 힘줄을 두고 살을 입히고 가죽으로 덮고 너희 속에 생기를 두리니 너희가 살리라 또 나를 여호와인줄 알리라 하셨다 하라 이에 내가 명을 좇아 대언하니 대언할 때에 소리가 나고 움직이더니 이 뼈 저 뼈가 들어맞아서 뼈들이 서로 연락하더라 내가 또 보니 그 뼈에 힘줄이 생기고 살이 오르며 그 위에 가죽이 덮이나 그 속에 생기는 없더라 또 내게 이르시되 인자야 너는 생기를 향하여 대언하라 생기에게 대언하여 이르기를 주 여호와의 말씀에 생기야 사방에서부터 와서 이 사망을 당한 자에게 불어서 살게 하라 하셨다 하라 이에 내가 그 명대로 대언하였더니 생기가 그들에게 들어가매 그들이 곧 살아 일어나서 서는데 극히 큰 군대더라 또 내게 이르시되 인자야 이 뼈들은 이스라엘 온 족속이라 그들이 이르기를 우리의 뼈들이 말랐고 우리의 소망이 없어졌으니 우리는 다 멸절되었다 하느니라 그러므로 너는 대언하여 그들에게 이르기를 주 여호와의 말씀에 내 백성들아 내가 너희 무덤을 열고 너희로 거기서 나오게 하고 이스라엘 땅으로 들어가게 하리라 내 백성들아 내가 너희 무덤을 열고 너희로 거기서 나오게 한즉 너희가 나를 여호와인줄 알리라 내가 또 내 신을 너희 속에 두어 너희로 살게 하고 내가 또 너희를 너희 고토에 거하게 하리니 나 여호와가 이 일을 말하고 이룬 줄을 너희가 알리라 나 여호와의 말이니라 하셨다 하라(겔 37:1~14).

이 본문을 해석할 때 '뼈들의 골짜기'는 전 세계에 흩어져 있는 이스라엘 백성들의 상태를 말합니다. 지금도 그들은 전 세계에 흩어져 있는 이스라엘 백성들의 상태가 이와 같다고 말하고 있습니다. 그래서 소망이 없고, 끊어진 것 같다는 것입니다. 그런데 그들이 소망이 없다고 말할 때 무슨 소망이 없다는 말입니까? 이들의 소망은 이스라엘 땅

바르게 사는 방법을 가르치는 **유태인 교육법**

으로 돌아가는 것입니다. 이들이 이스라엘 땅으로 돌아가고자 하는 이유는 하나님을 좀 더 잘 섬기기 위해서입니다.

남의 나라에 포로로 잡혀 있을 때는 그 나라에서 아무리 돈을 잘 벌고 잘 살아도 하나님을 섬기는 데 많은 제약을 받는다는 것입니다. 예를 들면 다니엘 같은 경우에도 그가 국무총리까지 되었지만 종교 생활을 하는 데에는 엄청난 제약이 있었던 것입니다. 아무리 높은 지위에 올라가고, 돈을 벌어 부자가 되더라도 종교 생활에는 제약이 있었던 것입니다.

그래서 어떻게 하면 하나님을 조금 더 잘 섬기고, 어떻게 하면 좀 더 하나님의 뜻대로, 하나님의 섭리대로, 하나님께서 원하시는 대로 잘 살 수 있을까 하는 것이 바로 그들의 소망이었습니다. 그들은 그것을 위해서 이스라엘 땅으로 돌아가야 한다고 주장하고 있는 것입니다.

이스라엘 땅으로 돌아간다는 말은, 어떻게 하면 우리가 있는 처소에서 하나님을 잘 섬기는 환경으로 변화시킬 수

10 _ 현대 유태인이 당면한 교육의 현실

있느냐 하는 것입니다. 어떻게 하면 우리가 처해진 환경 속에서, 우리가 현재 거하고 있는 이 자리에서 좀 더 하나님을 잘 섬길 수 있는 환경으로 바꿀 수 있는가 하는 것이 이들에게 있어서 교육의 새로운 목표로 등장하고 있는 것입니다.

교육 목표의 수정

유태인들은 새로운 교육 목표를 들고 나오면서 시간의 문제, 장소의 문제, 자기 자신의 정체성의 문제를 가지고 토론을 합니다.

1) 유태인 역사에서 시간의 문제는 어떠냐?

유태인의 역사 속에서 그들의 시간문제를 찾아나가다 보면 그들의 역사 속에서는 좋았던 일보다는 나빴던 일이 더 많은 것이 사실입니다. 그들의 역사 속에서 나빴던 일이 더 많은데도 하나님이 그들을 지켜주셨다는 것을 믿고 있습니다.

바르게 사는 방법을 가르치는 **유태인 교육법**

　역사 속의 수많은 고통을 지금은 교육적으로 바꿔가고 있는 형편입니다. 그 수많은 고통은 그들이 하나님의 뜻에 순종하지 않았기 때문에 받은 것이라 가르칩니다.

　사사기가 그들의 역사인데 사사기는 일곱 번 반복되는 사이클이 있습니다. 먼저 하나님이 평온하게 해주시고, 하나님의 말씀에 불순종하는 범죄를 저지르고, 벌로써 고통이 오고, 고통 속에서 부르짖고, 용서하고 평온을 주시고, 다음에는 또 죄짓고 하는 것이 사사기에서 일곱 번 돌아가는데 결국 이스라엘 역사 속에서 나타나는 모든 고통의 문제는 그들이 하나님의 말씀대로 살지 않았기 때문이라는 결론입니다. 그러면서 이들은 이제 '우리의 시간을 어떻게 만들 것이냐'라고 이야기할 때, '우리에게 있어서 교육적인 시간을 어떻게 둘 것이냐? 라고 묻는 것입니다.

　이들은 학교 수업이 끝난 후 교육 시간을 가지는데, 방과 후 시간에 전통적인 교육을 반드시 하여야한다는 것입니다. 이것이 현대 유태인들에게 있어서 첫째 조건입니다.

10 _ 현대 유태인이 당면한 교육의 현실

학교 교육에만 맡겨놓으면 그들이 지적한 문제점 속으로 빠져 들어가서 아이들에게 혼란이 오게 된다는 것입니다. 그래서 방과 후에 전통적인 교육을 시키는 시간을 매일매일 가지라고 합니다. 이 교육을 회당에서 시키고, 가정에서 시키는 것입니다.

그러면 방과 후에 하는 이 교육은 언제까지 시킬까요? 죽을 때까지, 그들의 전 삶을 통해서 이러한 교육을 하여야 한다고 합니다.

2) 우리가 거하는 환경은 어떠한가?

환경의 의미를 정의할 때 전 세계에 흩어져 있는 사람들을 어떻게 하나로 묶어서 교육을 시키느냐 하는 것이 문제입니다. 이 문제를 어떻게 해결하며, 유태인을 유태인답게 살아가도록 교육하느냐 하는 것입니다.

이러한 어려운 교육적 환경을 어떻게 만들어야 하는가를 이야기할 때, 이들이 이야기하는 것은 우리가 있는 장

바르게 사는 방법을 가르치는 **유태인 교육법**

소, 우리가 머무는 장소가 어디든지 이 장소는 전통 교육을 시키는 장소가 되어야 한다고 주장합니다. 이것을 하지 않으면 유태인은 전 세계를 다스릴 수가 없을 것이라고 말합니다. 그렇기 때문에 우리는 이 교육을 철저하게 해야 한다고 유태인 공동체는 주장하고 있습니다. 이와 같이 다양한 교육적 환경과 장소에서 교육을 시키면서 그들은 유태인의 산물이 무엇이며, 우리는 왜 존재해야 되고, 우리는 왜 흩어져 있어도 정복하고 다스리기 위해서, 우리가 거주하는 나라의 문화만 배워서 되는 것이 아니라 하나님의 문화를 온전하게, 철저하게 배워야 하는가를 가르친다는 것입니다.

그러니까 이들은 시간이나 장소가 어디든지 막론하고 그들이 지금 거하는 장소와 시간을 전통 교육을 하는 장소와 시간으로 변화시켜 나아가야 한다고 주장하며 그렇게 하고 있습니다.

3) 우리의 삶의 스타일은 어떠해야 하는가?

그들의 교육과정과 교육하는 시간을 살펴보면, 방과 후

에 전통적인 교육을 철저하게 시키는데 전 세계 어디에 살고 있을지라도 전통을 가르치는 시간을 반드시 가지고 있습니다. 그들이 어디에 머물더라도 머무르고 있는 바로 그 자리를 전통 교육을 시키는 자리로 바꾸어가려고 합니다.

그러한 교육으로 인하여 그들의 삶 전반에 걸쳐서 나타나는 사상은 '나는 선민이다, 나는 유태인이다' 하는 자부심입니다. 이렇게 해서 철저한 유데인으로서의 삶을 찾을 수 있도록 최선을 다하는 삶을 살아가도록 교육하는 것입니다. 그래서 전 세계에 흩어져 있는 유태인들이 함께 연구할 수 있는 교육기관을 세우는 것이 이들의 목표입니다. 그래서 세계 각 곳에 대학을 세우고 지도자를 육성하는데 그 지도자는 한 대학에만 머무르는 것이 아닙니다. 각 지역에 흩어져 있는 학교를 돌아가면서 똑 같은 교육을 시키고 있습니다.

4) 새로운 과정을 담은 교과서
이러한 과정을 거치면서 교육하는 시간과 교육방식을

바르게 사는 방법을 가르치는 **유태인 교육법**

연구하는 가운데 '이제 우리는 무엇을 우리의 교과서로 사용하여야 하는가' 하는 문제를 발견하게 되었습니다. 교육을 연구하는 선생님들이 내린 결론은 '우리의 교과서는 다시 성경으로 돌아갈 수밖에 없다', '우리의 교과서는 하나님의 말씀이다' 라는 것입니다.

그런데 성경을 가르치면서 '성경에 나타나는 종교 의식을 어떻게 가르치고 어떻게 행할 것인가' 하는 문제에 다다르게 되었습니다. 그러므로 종교 의식을 재해석하고, 재정립하여야 하는 단계에 이르렀다고 학자들은 말합니다.

첨단 과학시대에 구시대적인 종교의식을 어떻게 해석하고 어떻게 행하라고 가르쳐야 할까요? 하나님께서 의식을 통하여 가르치려는 원리가 무엇인지 찾아내어, 이 시대에 맞게 그 원리를 적용하는 방법을 연구해야 한다는 것이 그들의 결론입니다.

제사를 예배로

이스라엘 사람들은 회당에 참석하든지 안 하든지 회당에 등록되어 있는 모든 사람에게 회보와 보고서와 일반 모든 문서들을 보냅니다. 모든 문서들은 목요일이나 금요일 오전에 도착하도록 보내지는데 그 이유는 그들의 소식을 알리기 위해서가 아니라 그 회당의 예배 시간을 알리기 위해서입니다. 그리고 예배하는 시간과 함께 그 시간의 설교의 주제가 나옵니다. 그러니까 그들의 주보가 보내지면 돌아오는 예배시간에 누가 무엇을 설교하고, 누가 성경을 가르치는지 알려주는 것입니다. 다시 말해서 돌아오는 주간에 회당에서 어떤 일을 계획하고 있는지 자세하게 알려주는 것입니다.

우리는 주일 예배를 몇 번에 나눠서 드리는데, 그 이유는 예배당이 좁아서가 아닙니다. 사회를 변화시키기 위한 것이 아니라 그 사회의 요구에 의해서 예배 시간을 그렇게 나누는 것입니다. 그러니까 그 사회에 의해서 교회가 변화된

바르게 사는 방법을 가르치는 유태인 교육법

것으로 보아야 할 것입니다.

유태인들은 금요일 5시 30분, 8시에 두 번 예배가 있고, 토요일 10시 30분이나 11시에 예배가 한 번밖에 없습니다. 성도의 수가 작아서 그럴까요? 아닙니다. 또한 그들은 출석하는 회당이 자기 집에서 걸어서 갈 수 있는 가까운 거리에 있습니다. 그리고 그들의 회당에는 모두가 같은 시간에 예배를 드릴 수 있는 강당이 있습니다.

여기서 5시 반에 회당에서 예배하는 것은 주로 아이들이고, 8시는 주로 어른들입니다. 그리고 토요일, 안식일에는 아이, 어른 할 것 없이 모두 함께 모여 한 자리에서 다 같이 예배를 드립니다. 그리고 예배가 끝난 후 교육은 연령별로 나누어서 합니다.

회당에서 무엇을 하는가?

기독교 예배 순서에 있어야 하는 것은 기도, 말씀, 찬양,

10 _ 현대 유태인이 당면한 교육의 현실

헌금, 축도입니다. 그리고 우리는 예배의 초점이 설교에 맞추어져 있습니다. 이 말씀은 주로 목사님의 설교에 의존하고 있는 형편입니다. 그러나 이스라엘 사람들에게 있어 예배의 초점이며 중심이 되는 것은 기도입니다. 그래서 그들은 가르치기를 '예배는 기도' 라고 말하기도 합니다.

그들에게 있어서의 기도는 바로 하나님과 나와의 직접적인 관계를 의미합니다. 그래서 그들에게 있어서 예배는 하나님과 나와의 직접적인 통로인 것입니다. 그렇기 때문에 이들은 기도하는 시간이 많습니다. 예배라고 하면 보통 공동 기도를 의미하기도 합니다.

1) 기도는 무엇을 나타내는 것인가?

기독교인들이나 다른 종교인들의 기도를 연구하여 보면 90퍼센트 이상이 신에게 무엇인가를 줄 것을 요청하는 것입니다. 예배를 드린다고 말한다면 기도, 찬양, 헌금 모두를 드려야 하는데 찬양과 헌금은 드리는데 기도는 달라고 떼만 쓰는 것입니다.

바르게 사는 방법을 가르치는 **유태인 교육법**

유태인들은 기도할 때 하나님을 사랑하는 자신의 마음을 표현하는 시간이 되어야 한다고 가르칩니다. 그래서 그들은 기도할 때 하나님을 향한 사랑을 자신의 언어로 마음껏 표현합니다.

2) 언제 기도하는가?

유태인들은 말합니다. "우리가 정해진 시간에 회당에 왔을 때 정말 기도할 수 있느냐?"

그렇다면 우리도 정해진 시간에 교회에 왔을 때 정말 기도할 수 있습니까? 자신에게 한번 물어보시기 바랍니다. 언제나 기도하고 싶으면 할 수 있습니까?

이 말은 기왕에 왔으니까 습관적으로 하는 기도가 아니라, 정말 하나님과 나와의 관계를 하나님 앞에 표현하면서 하나님의 사랑을 표현하는 기도를 할 수 있느냐 하는 것입니다.

그들은 정해진 시간에 회당에 와서 진정한 기도를 하기는 어렵다고 말합니다. 매일 매일을 살아가면서 하나님을 사랑하는 마음이 북받쳐 올라올 때, 바로 그때가 기도할 수 있는 최상의 시간이라고 말합니다. 따라서 그 시간을 절대로 놓치지 말라고 가르치는데, 그 시간은 바로 개인적인 시간인 것입니다.

그러면 우리가 기도할 수 있는 마음의 상태가 언제입니까? 어떤 마음의 상태가 기도할 수 있는 마음의 상태입니까?

항상 그렇지는 못하다고 말할 것입니다. 기도할 수 있는 마음의 준비가 되지 않는다고 한다면, 그때 과연 효과적인 기도를 할 수 있느냐 하는 것도 한 번 생각해 보아야 할 것입니다.

3) 기도의 방법

700년 전에 랍비 한 사람이 있었는데 그는 학생들에게 기도할 때 이렇게 하라고 권하는 말이 있었습니다.

"기도할 때 너의 기도를 기계적으로 만들지 말라. 우리의 기도를 한 번 생각해 보자. 내 기도가 기계적으로 하는 것은 아닌가? 내 기도가 중얼거림이나 단순한 말의 반복은 아닌지 한 번 돌아보자."

기도는 교육에 있어서도 중요하지만 철학에 있어서도 매우 중요합니다. 기도하는 것은 감정이 기초가 되어야 한다는 것입니다. 기도는 하나님에 대한 우리의 사랑의 표현이기 때문입니다.

우리가 진정 사랑하는 사람과 대화를 나눌 때 입만 열면 요구하는 말만 할 수 있습니까?

우리가 하나님을 사랑하는 사랑의 표현이 기도라고 한다면, 우리가 하나님에게 언제나 달라는 요구만 할 수 있느냐 하는 것입니다.

하나님을 사랑하는 표현이 기도라고 한다면 "하나님, 이렇게 도와주셔서 고맙습니다. 하나님 오늘도 나와 함께해 주시니 고맙습니다. 하나님 정말 고맙습니다. 제가 할 수 있는 말은 고맙다는 말밖에는 없습니다"라고 말할 것입니다.

이러한 기도를 할 수만 있다면 얼마나 좋겠습니까? 기도는 감정이 기초가 되는 것이지만 하나님을 향한 우리의 사랑 표현이 우리의 입술을 통해서 나타나는 것입니다. 그리고 우리가 정해진 시간에 기도하는 일에 대해서 언제나 기도할 수 있는 마음의 상태가 되지는 않습니다.

그러면 '어떻게 기도해야 하느냐' 하는 것이 문제로 등장합니다. 시편 34편 1절에 "내가 여호와를 항상 송축함이여 그를 송축함이 내 입에 계속하리로다"라고 하였습니다. 우리는 하나님의 법과 하나님의 사랑이 마음에 감동되는 순간, 바로 그 순간이 기도를 위한 순간이라는 것을 알아야 합니다. 그래서 "기도란 무엇인가" 라는 질문에 유태인들은 "하나님에 대한 사랑의 표현" 이라고 대답합니다.

4) 기도는 어디서 해야 하는가?

유태인들은 기도는 우리가 머무는 곳 어디에서나 해야 한다고 말합니다. 이사야 66장 1절에 "여호와께서 이같이 말씀하시되 하늘은 나의 보좌요 땅은 나의 발등상이니 너희가 나를 위하여 무슨 집을 지을꼬 나의 안식할 처소가 어디랴"라고 기록하고 있습니다.

우상을 사랑하는 사람들은 항상 우상 앞에 가서 기도합니다. 유태인들은 "기도하는 장소가 회당이냐, 성전이냐, 아니면 집이냐" 라고 질문합니다. 그렇다면 그들의 회당이나 하나님의 집이나 자신의 집이 다른 어떤 장소보다 거룩한 장소인가, 더 신성시되는 장소인가 하는 것을 생각해보게 됩니다.

여기서 기독교인인 우리는 "교회당은 다른 장소보다 더 신성시되는 장소냐?" 라고 물었을 때, 만약 더 신성시되는 장소가 아니라면 "왜 기도를 하기 위해 꼭 그곳에 모여야 하느냐?" 라는 질문을 받게 될 것입니다.

그러므로 유태인들은 말하기를 건물이 기도를 신성하게 만드는 것이 아니라, 기도가 그 건물을 신성하게 만든다고 말합니다. 그러므로 모여서 기도함으로써 기도하는 그 장소가 신성해지는 것이라고 말합니다. 따라서 일반 학교와 미션스쿨과의 차이는 미션스쿨에는 기도가 있다는 것입니다. 그러므로 기도가 그 학교를 구별시켜 준다는 것입니다.

그러면 이 회당이라는 장소는 어디에 있어야 됩니까? 즉 기독교인으로 말하면, '교회는 어디에 있어야 되느냐' 라는 질문입니다.

유태인들은 이 장소를 '만남의 장소' 라고 부릅니다. 다시 말하면, 회당의 기능은 하나님을 만나는 장소요, 성도가 서로 만나는 장소라는 것입니다. 그리고 회당은 그들의 삶의 중심지, 생활의 중심지에 있어야 한다고 말합니다.
그래서 예배를 드리기 위해 두 시간씩 차를 타고 간다는 것은 말도 안 되는 것입니다. 그래서 이 만남의 장소가 유태인 공동체의 장소, 센터가 된다는 것입니다.

랍비가 하는 설교는 그다지 중요하지 않습니다. 랍비가

하는 설교는 '리터지(liturgy)'라고 해서 절기별로 주어지는 설교 본문이 있습니다. 그러면 그 절기에 맞는 설교를 선택해서 하는 것입니다. 그래서 전 회당에서 거의 같은 내용의 설교가 선포됩니다. 그리고 리터지는 정통파, 보수파, 개혁파에서 각각 나오므로 세 가지 종류가 있습니다.

이 세 가지 교파 모두 샤바트(안식일)와 안식 후 첫째 날 성경학교가 있습니다. 우리의 주일학교와 비슷한 기관입니다. 그런데 특이한 것은 샤바트 스쿨에서 쓰이는 모든 프로그램은 다 한군데서 나온다는 것입니다. 그러니까 모두 중앙에서 나와서 똑 같은 내용이 똑 같은 주일에 똑 같은 또래의 집단에게 똑같이 가르쳐지는 것입니다. 전 세계 유태인 모두가 일률적으로 교육하므로 비슷하게 성장하게 되는 것입니다.

기독교에서도 이러한 리터지를 사용하는 교단이 많이 있습니다. 미국에 있는 루터교회나 감리교회, 미국 침례교회에서는 성인이 공부하는 주일학교 성경공부 교재까지도다 본부에서 내려와서 그대로 가르칩니다. 이렇게 함으로써 같이 성장하도록 유도하는 것입니다. 그러므로 설교의 메시지는 거의 없으므로 별로 중요하지 않습니다. 회당에서는 성경을 선창하여 읽고 회중은 따라 읽어서 회당을 3년만 다니면 집에서 성경을 한 번도 읽지 않아도 성경을 한 번은 읽게 됩니다.

기독교 성도가 어떤 목사님을 좇아간다면 그 목사님의 인격을 배우게 되는데 그렇게 따라가는 것은 자기의 인성과 잘 맞기 때문입니다. 그런데 문제는 그 목사님의 인격이 성경과 일치하는가 하는 것입니다. 우리의 기준이 성경이 되어서 우리 주위의 모든 것이 성경과 일치하느냐를 판단해야 하는 것이지 우리의 품성과 맞는가를 따지는 것은 옳지 못합니다.

유태인들은 회당에 모이면 무엇을 할까요? 그들이 회당에 모이면 처음으로 하는 것은 기도입니다. 그 다음으로 중요한 것이 공부하는 것입니다. 그리고 그 다음으로 그들

바르게 사는 방법을 가르치는 유태인 교육법

이 찾아내는 것이 문제점입니다. 공동체의 문제점을 찾아내서 그것을 어떻게 해결할 것인가 하는 것이 여기서 다루어집니다. 그러니까 그들은 일상의 문제를 찾아서 해결하는 것도 종교적인 방법으로 합니다. 그들은 기도와 연구가 바로 예배라고 말합니다.

그러면 이렇게 예배하기 위해서 모이는 그 장소를 무엇이라고 불러야 할까요? 그들은 그들이 모이는 장소를 '회당(House of Assembly)' 이라고 부릅니다. 즉 회중의 집, 총회의 집이라는 것입니다. 여기서 회당이라는 단어의 뜻은 함께 모인다는 뜻이며 총회라는 의미를 가지게 되는 것입니다.

그러면 이 'Synagogue, Temple, The house of God' 를 히브리말로는 무엇이라고 할까요?
'슐' 이라고 하는데 이 말은 'School' 과 비슷한 말입니다. 따라서 Synagogue, Temple, The house of God는 학교라는 말로서 곧 연구하는 장소요, 연구하는 것은 하나님의 말씀입니다. 그러므로 하나님의 말씀을 연구하는 곳이 학교인 것입니다. 그래서 그들은 그들이 모이는 만남의 장소를 '슐'이라고 불러주는 것을 좋아합니다. 아니면 'Synagogue'라고 불러 주기를 바랍니다. 그래서 그들은 'Study is worship, Pray is worship(공부하는 것은 예배이다, 기도는 예배이다)'이라고 합니다. 그래서 연구가 없는 무식한 사람은 하나님을 부를 수 없다고 하는 것입니다.

'House of Study(연구의 집)'의 뜻은 슐, 즉 학교이고, 이 학교는 성경을 배우는 학교인 것입니다. 그래서 말을 배우기 시작하면서 먼저 기도하는 것부터 가르치고, 그 다음으로 성경을 연구하는 것을 가르쳐서 다섯 살 때 성경, 열 살 때 미쉬나, 그리고 열다섯 살이 되면 탈무드를 연구하기 시작하는 것입니다. 탈무드를 가르친다는 것이 아니라 탈무드를 연구하기 시작하는 단계라는 것입니다. 그래서 탈무드의 첫 장은 비어 있고, 마지막 장 또한 비어 있습니다. 그 이유는 연구에는 시작도 없고, 끝도 없다는 것입니다. 계속해서 연구가 이루어져야 하기 때문에 탈무드를 연구의 책이라 부르는 것입니다.

 기독교도 교회라는 개념을 좀 더 다르게 정의하여야 할 때가 되었다고 생각합니다. 기독교인은 교회에 가면 무엇을 합니까? 교회가 소유한 큰 건물들은 평일에는 무엇으로 사용되는가 하는 것이 문제입니다.

 미국의 대부분의 교회들은 유치원, 초등학교, 중, 고등학교를 가지고 있습니다. 교회가 소유하고 있는 학교에서 학생들에게 일반교육과 종교교육을 겸하여 합니다. 우리 한국 사람들도 교회의 건물을 평일에 이용하는 방법을 연구할 때가 되었다고 생각합니다.

 '교회', 'church'라는 말은 '키르케'라는 말로서 '키르아케'라는 말에 기원을 두고 있습니다. 이 말은 '큐리오스'와 '오이코스'라는 말의 합성어로 된 그리스어입니다. 그러니까 우리 말로 해석하여 보면 '주님의 집'이라는 뜻입니다. 그러면 주님의 집에서 무엇을 하는가 하면, 주님을 알아가고 주님을 연구하는 장소입니다. 그리고 주님과 대화하는 장소입니다.

그러면 키르아케에 왔으면 주님 앞에 와서 주님을 배우고 주님과 만나서 교제를 해야 하는 것이 기본입니다. 이것을 하는 곳이 바로 교회인 것입니다. 그래서 우리 교회에서는 주일학교를 열심히 장려해야 합니다. 아이들만 주일학교를 하는 것이 아니라 장년들도 주일학교를 열심히 해야 하는 것입니다.

유태인들은 기도를 예배라고 생각할 정도로 중요하게 여기는데 기도는 누구에게 하느냐가 중요합니다. 유태인 철학에 있어서도 기도를 누구에게 하느냐 하는 것을 매우 중요하게 여깁니다.

랍비 엘리에젤이라는 분이 있었습니다. 그는 매우 유명한 사람이었는데 마지막에 질병에 걸려서 죽음의 문턱에 와 있었습니다. 그때 많은 제자들이 죽음이 임박한 랍비의 주위에 모였습니다. 이제 그는 이 땅에 오래 머물 수가 없으므로 지상에 있는 동안에 찾아가서 배워야 한다고 생각했던 것입니다. 그래서 많은 제자들이 죽어가는 랍비를 찾아왔습니다. 그래서 죽어가는 랍비에게 마지막으로 좋은 교훈을 좀 해달라고 부탁했을 때, 그 랍비는 많은 충고를 한 다음 마지막으로 가장 중요한 충고를 하였는데 그것은 기도가 가장 중요하며 기도만큼 중요한 것은 없다는 것이었습니다. 특히 '기도할 때 어디에 서 있느냐?' 를 아는 것이 중요하다고 말하였습니다. 그러니까 기도할 때는 어디에 있든지 하나님 앞에 서 있어야 한다는 것입니다. 하나님 앞에 서 있다는 것을 깨달으면서 기도하라는 것입니다.

하나님 앞에 서 있다는 말은 무엇을 의미할까요? 이 말은 우리가 하나님을 생각하는 것만이 아니라 하나님을 이해해야 한다는 것입니다. 그런데 고대 그리스나 로마 사람들은 기도할 때에 자기네 신을 초월자로 생각한 것이 아니라 신도 인간으로 생각을 했습니다. 그래서 철학자이면서 정치가인 아리스토텔레스는 말하기를 "가장 머리 좋은 사람 한 사람이 다스리는 정치가 가장 좋은 정치"라고 했습니다. 그리고 "아주 머리 좋은 사람이 없으니 좀 좋은 사람 몇 사람이 모여서 하는 군주 정치가 그 다음으로 좋은 정치"라고 했습니다. 그 다음에 "좀 좋은 사람도 없으니까 많은 사람이 모여서 이 머리 저 머리를 합해서 하는 정치가 민주정치"라고 했습니다. 그래서 민주정치가 가장 나쁜 정치라는 것입니다.

유태인들은 기도할 때 '하나님이 무엇과 같으냐' 하는 것에 우선순위를 둡니다. 유태인의 기도 책 가운데 『Union Pray』라는 기도책이 있는데 그 책에 보면 다음과 같은 기도가 나옵니다.

"하나님 영광 받으소서, 오! 주! 세상의 통치자, 이 지상에 그리고 모든 주민들에게 그리고 모든 창조의 사역 속에 햇빛을 만들어주시는 자비의 하나님이시여."

이렇게 하여 그들의 기도를 시작하는 것입니다. "모든

바르게 사는 방법을 가르치는 **유태인 교육법**

것을 주시는 자비의 하나님이시여, 이 땅은 당신의 창조의 힘을 나타내고 있습니다. 이 궁창은 하나님의 솜씨를 자랑하고 있습니다."

그들은 기도할 때 '바룩 하셈' 이라고 합니다. 이 말은 '하나님이여 찬양을 받으소서' 라는 말입니다. '하나님이여 축복하소서' 라는 말입니다. 그러니까 하나님 자신이 먼저 영광을 받으시라는 것입니다.

그런데 우리는 기도할 때 "하늘에 계신 우리 아버지 하나님" 하고 나면 먼저 용서를 빕니다. 회개라는 조건이 용서입니까? 우리는 예수님이 십자가에 달리실 때 이미 용서를 받은 것입니다.

Jew's Method

11

문제점 해결방안 :
믿음으로 돌아가자

이스라엘 사람들은
"하나님의 마음을 소유하는 것이 겸손"이라고 말합니다.

11 문제점 해결방안 : 믿음으로 돌아가자

믿음이란?

　유태인의 조상이며 기독교인의 믿음의 조상인 아브라함이 그때에 유일한 신, 하나님을 섬길 수 있었던 것은 그가 의로워서가 아닙니다. 하나님께서 그를 선택하셔서 믿음을 선물로 주셨기 때문입니다. 우리 또한 하나님을 믿을 수 있는 것은 우리나라가 좋은나라이기 때문이 아닙니다. 우리의 가문이 좋아서가 아니고, 우리에게 어떤 달란트가 있어서도 아닙니다. 하나님께서 죄인 된 자리에 있는 우리를 은혜의 눈으로 보아주시고 선택해주셔서, 믿음을 선물로 주시어 아브라함의 자손이 되게 해 주셨기 때문입니다. 이 큰 은혜에 대해서 우리는 감사하여야 합니다. 그리고 아브라함을 통해서 이스라엘 민족이 큰 역사를 이루었던

바르게 사는 방법을 가르치는 **유태인 교육법**

것처럼 이제 우리 기독교인을 통해서 하나님은 큰 역사를 이루시기를 원하고 계신다는 것을 알아야 합니다.

나를 통해서 우리를 통해서 우리의 공동체를 통해서 하나님께서는 큰일을 이루시기를 원하시는데 그 일을 왜 이루지 못하는 것입니까? 이 문제에 대하여 깊은 연구가 필요합니다.

유태인들의 이야기를 빌려보면, 하나님이 토라를 유태인에게 주시기 전에 다른 민족에게 주었으나 거절하였다고 이야기하고 있습니다. 그들만이 가지고 있는 전통과 문헌에서 그렇게 기록을 하고 있기 때문입니다. 그 기록에 의하면 다른 사람들은 한결같이 토라를 받는 것을 거절했는데 유태인만이 그것을 받아들였다고 이야기하고 있습니다. 그들은 자신들이 토라를 받아들였기 때문에 하나님의 택함을 받았다고 말합니다. 그런데 그 의미를 좀 더 깊이 고려할 필요가 있습니다.

11 _ 문제점 해결방안 : 믿음으로 돌아가자

하나님이 유태인을 부르셨을 때 그들이 토라를 받아들였기 때문이 아니라 하나님께서 하나님의 영을 그들 속에 먼저 보내주셔서 그들이 하나님의 부르심을 받아들일 수 있도록 믿음을 선물로 주셨기 때문입니다.

유태인들의 믿음을 살펴보면 그 당시의 유태인들은 강하지도 않고 부하지도 않고, 영향력도 줄 수 없는 상태였습니다. 그들은 이러한 자신들의 상태를 정확하게 알고 그것을 인정했다는 것이 장점입니다. 현대를 사는 유태인들의 고백 또한 '나는 아무것도 아닙니다' 입니다. 그들이 이처럼 고백할 때에 하나님께서는 계속하여 그들을 사용하셨으며, 지금도 사용하신다는 것입니다. 그래서 그들은 후손들에게 "하나님께서 우리를 사용하시도록 맡겨야 한다. '하나님! 나는 아무것도 아닙니다' 라고 고백하여야 한다. 그때 하나님은 우리를 들어 쓰신다"고 가르칩니다.

그래서 세상을 바꾸는 데 있어서 그들의 힘으로 하는 것이 아니라 하나님께서 자신의 말씀의 능력으로 모든 것을

바르게 사는 방법을 가르치는 **유태인 교육법**

할 수 있다는 것을 알게 하려는 의도에서 유태인을 선택하셨다고 말하며 가르칩니다.

선택의 의미

하나님께서 연약한 우리를 선택하신 것도 하나님 자신이 우리에게 복을 주시기 위하여 은혜를 주셔서 일하게 하신다는 것을 보여주시기 위해서 그렇게 선택하셨다는 것입니다.

창세기 12장에 보면 하나님께서 아브라함에게 본토 친척 아비 집을 떠나라고 하셨습니다. 하나님께서는 아브라함이 본토, 즉 고향 땅을 떠났을 때 온 땅을 주셨으며, 친척이라는 작은 것보다 큰 민족을 주셨습니다. 그리고 아비 집을 떠나라고 했는데 아버지 집에는 모든 것이 다 있습니다. 그러나 아비 집을 떠났을 때 아브라함 자신이 모든 것의 공급자가 되게 해 주셨습니다.

11 _ 문제점 해결방안 : 믿음으로 돌아가자

아브라함은 자신의 친숙한 환경으로부터 완전히 떠나라는 명령을 받았는데 순종함으로 하나님으로부터 감히 상상도 할 수 없을 정도로 큰 은혜를 받은 것입니다. 그리고 하나님이 아브라함을 보내실 때 하나님을 위해서 보내신 것이 아니라 아브라함 자신을 위해서 보내신 것입니다. 성경을 자세히 읽어 보시면, '너는 너를 위하여 떠나가라' 고 말씀하십니다. 하나님께서는 자신이 선택한 사람을 위하여 은혜와 복을 주십니다. 하나님 자신을 위하여 아브라함을 선택하신 것이 아닙니다. 지금도 하나님께서는 우리를 위하여 믿음을 선물로 주시고 은혜로 구원하시어 인도하시고 계십니다. 이것이 마음속에 믿어져서 입으로 고백하는 것이 믿음입니다.

선택받은 자의 기도와 기도를 들으시는 유일하신 하나님

많은 사람들이 기도할 때 아름다운 말들을 붙여서 기도하지만 유태인들은 기도할 때 무엇을 위해서 기도하든지 잘 들어보면 성경의 본문들의 연결이라는 것을 쉽게 알 수

바르게 사는 방법을 가르치는 **유태인 교육법**

있습니다.

우리는 엘리에젤의 가르침을 통하여, 유태인들이 기도할 때는 하나님 앞에서 기도한다는 것을 배웠습니다.

"야다 쉐 아마드타 리프네이 엘로힘."

여기서 '야다'는 명령형으로 '알아라,' '쉐'는 'that', '아마드타'는 '네가 서 있다(You stood)'는 뜻입니다. 그리고 '리프네이 엘로힘'은 '하나님 앞에, Before God'라는 말입니다. 다시 말해서 '하나님 앞에 서 있다는 것을 알아라'는 것입니다. 여기서 '알아라', 즉 깨달으라는 말은 무슨 뜻입니까?

히브리어로 '야다'라는 말속에 다음과 같은 깊은 뜻이 포함되어 있습니다.

첫째, 하나님은 유일하시다.
둘째, 하나님만이 예배의 대상이다.
셋째, 하나님은 교사이시다.

11 _ 문제점 해결방안 : 믿음으로 돌아가자

우리의 하나님은 한분이시고, 하나님만이 예배의 대상이시고, 하나님만이 우리의 교사라는 것을 분명하게 알라는 말씀입니다. 이 세상에서 가장 훌륭한 교사는 하나님이시라는 것입니다. 유태인들이 기도할 때 부르는 하나님은 '온전히 한 분밖에 계시지 않은 하나님', '우리의 모든 것 되시는 하나님', '우리의 가장 좋으신 선생이 되시는 하나님!' 입니다.

출애굽기 20장 7절에 보면 "너는 너의 하나님 여호와의 이름을 망령되이 일컫지 말라 나 여호와의 이름을 망령되이 일컫는 자를 죄 없다 하지 아니하리라"고 하였습니다. 여기서 '망령되이' 라는 말은 '잘못 사용한다' 는 뜻입니다. 그러니까 하나님의 이름을 망령되이 일컫지 말라는 말은 하나님의 이름을 잘못 사용하지 말라는 말입니다.

'일컫다' 라는 말은 '들먹거림' 을 말합니다. 하나님의 이름을 잘못 사용하면서 하나님의 이름을 들먹거리지 말라는 것입니다. 그리고 여기서 사용된 하나님은 모든 것을

바르게 사는 방법을 가르치는 **유태인 교육법**

행하시는 하나님입니다. 다시 말해서 하나님을 부르는데 그릇되게 잘못 사용하면 큰 문제가 생긴다는 것입니다. 유태인들이 말하는 하나님은 유일하신 하나님이시며, 이 세상에 다른 신은 없다는 것을 고백하는 말입니다.

하나님은 한분이신데 이 하나님은 우주의 창조주시라는 고백입니다. 이 말은 창세기 1 장 1절과 연결됩니다. 이 창조주 하나님 속에는 우주의 창조주 하나님, 나의 창조주 하나님, 나를 창조하신 그 하나님이 창조의 하나님이시기 때문에, 하나님은 내가 창조하기를 원하신다는 것입니다. 그러므로 하나님은 앞으로 내가 할 일까지도 창조하셨다고 고백합니다.

창조주 하나님께로 돌아가자

우주의 하나님에 대하여 유태인들이 찬양하면서 이야기하는 것을 들어보면 이 세상의 모든 창조물 가운데서 최고의 창조물은 인간이 정신을 가졌다는 것입니다. 그러

11 _ 문제점 해결방안 : 믿음으로 돌아가자

니까 인간 속에 영혼을 두셨다는 것이 최고의 창조라는 것입니다.

그렇다면 영혼은 무엇을 하려고 만드셨을까요? 유태인들은 말하기를 영혼은 우주의 법과 하나님의 법을 바르게 알고 사용하도록 가르치기 위해서 하나님께서 주신 것이라고 말합니다. 하나님을 배워서 알고, 하나님을 닮아, 하나님을 보여주는 그 지혜를 다음 세대에 전달하기 위해서 영혼을 창조했다는 것입니다.

그러면 왜 하나님은 영혼을 창조하실 때 하나님을 깨닫고 알게 하셨을까요? 우주, 자연, 일까지도 다 창조하신 창조주 하나님은 오직 한 분밖에 안 계시는데 그 하나님은 예배의 대상이라는 것입니다. 그러므로 사람은 그 하나님을 예배해야 하는 것입니다.

유태인들에게는 기도와 연구가 예배라고 하였습니다. 이 기도와 연구는 하면 할수록 하나님을 깨닫게 되고, '나'라는 존재는 아무것도 아니라는 것을 알게 됩니다. 이것을

바르게 사는 방법을 가르치는 **유태인 교육법**

깨닫고 알게 되는 그 자체가 예배가 되는 것입니다. 이렇게 하나님을 알았을 때 이 자연은 다시 말해서 온 우주는 귀하신 하나님을 노래합니다. 하늘은 하늘대로 궁창은 궁창대로 하나님의 손이 행하신 일을 나타내며 찬양합니다. 이렇게 자연도 하나님을 나타내는데 하물며 영혼을 가진 사람이 기도하고 연구하면서 깨달아진 그 하나님을 나타내고 찬양하는 것은 당연한 것입니다.

그러면 어떻게 하나님을 나타내고 찬양해야 할까요? 여기서 우리가 하나님의 이름을 망령되이 일컫는다는 말은 입으로 찬양을 하고 있으면서 마음으로는 다른 생각을 하고 있는 것을 말합니다. 따라서 우리는 수없이 많은 예배를 드리는 가운데 하나님의 이름을 망령되이 일컫고 있다는 것을 고백할 수밖에 없습니다.

설교를 들을 때도 마찬가지입니다. 선포되는 메시지는 귀에 들어오지 않고 마음속에는 엉뚱한 생각을 가지고 있다면 하나님의 이름을 망령되이 일컫고 있다는 것입니다.

11 _ 문제점 해결방안 : 믿음으로 돌아가자

우리가 입으로는 하나님, 하나님 부르고 있으면서도 마음이 다른 데 가 있다면 그 자체가 하나님의 이름을 망령되이 일컫고 있는 것입니다. 한국 속담을 빌리면 마음이 콩밭에 가 있고 몸만 예배당에 있다는 것입니다. 탈무드에서는 이러한 사람을 연통과 같은 사람, 또는 깔데기와 같은 사람이라고 합니다. 반은 안에 있고, 반은 밖에 있기 때문이며 속은 비어 있기 때문입니다.

우리가 하나님을 표현할 때 살아계신 하나님, 우주의 하나님, 자연의 하나님, 나를 창조하신 하나님, 이렇게 부를 때에 내가 정말 마음을 다해서 부르고 있습니까? 하나님께서 나를 사로잡고 있다는 것을 느끼면서 지금 내가 하나님 앞에 서 있다는 것을, 지금 하나님께서 나를 보고 있다는 것을 진실로 느끼면서 하나님을 부르고 있느냐 하는 것입니다.

만약 지금까지 하나님께 예배드리면서 이와 같이 하지 않았다면 즉시 바꿔야 합니다. 그래야 하나님의 이름을

바르게 사는 방법을 가르치는 **유태인 교육법**

망령되이 일컫지 않는 것입니다.

 기독교에서도 예배는 하나님과 성도가 만나는 절정의 순간입니다. 주일날은 결혼식 날이라고 생각하면 될 것입니다. 결혼식 날에 신랑과 신부가 결혼 예식을 위하여 가면서, 신부는 다른 남자 친구를 만나고, 신랑은 어디서 다른 여자 친구를 만난다면 심각한 문제입니다. 몸은 결혼식장으로 가면서 마음으로는 다른 사람을 생각하고 있다면 외관상으로 볼 때는, 결혼식이 될지는 모르지만 이 결혼식은 이미 깨진 것입니다.

 그러므로 일주일에 단 한 번이라도 오직 하나님만을 생각하고 하나님만을 위해서 바쳐지는 시간을 갖는다는 것이 무엇보다 중요하다고 생각합니다.

 우주의 창조자이시고 자연의 창조자이시고 나를 창조하시고 내가 앞으로 해야 할 일까지 만드신 하나님이라는 것을 기억해야 합니다. 하나님께서는 우리의 가장 훌륭한 교

11 _ 문제점 해결방안 : 믿음으로 돌아가자

사이신 것입니다. 교사로서의 하나님은 우리에게 자신의 말씀을 가르치십니다. 그러니까 하나님의 말씀을 통해서 우리에게 하나님을 가르치는데 말씀을 따라 하나님과 함께 거하는 생활 방식을 가르치는 것입니다.

또 하나님이 성경을 통해서 가르치실 때 믿지 않는 사람들에게는 구원의 길을 가르치십니다. 교회 안에 들어온 사람들에게 구원을 강조하다 보니까 믿음만 강조하게 되는 경우가 있습니다. 구원은 믿음으로만 받는다고 하기 때문입니다. 그래서 교회 안에 행위가 사라진지도 모릅니다.

우리의 가장 훌륭한 교사이신 하나님이 일상생활을 하는 데 필요한 지침을 우리에게 주고 계신다는 것을 분명하게 알아야 합니다. 이 세상을 사는 사람들 가운데 권력을 좋아하는 사람들이 많이 있습니다. 그러나 권력을 좋아할지라도 숭배해서는 안 됩니다. 그런데 하나님을 믿는 사람들 가운데서도 권력을 하나님보다 더 숭배하는 사람들이 많이 있습니다. 이런 부류의 사람들은 기도하는 것과 예배

바르게 사는 방법을 가르치는 유태인 교육법

하는 것과 정 반대로 살고 있다고 말할 수 있을 것입니다. 하나님께로 돌아가야 합니다. 하나님께로 돌아가야 살 수 있습니다.

유태인들은 우주의 하나님, 자연의 하나님, 나를 만드신 하나님, 또 앞으로 내가 할 일도 만드신 하나님을 믿고 섬기면서 그 속으로 들어가려고 노력을 하는데 자신들이 기도하는 것과는 정 반대로 살고 있지는 않는지 생각하여야 한다고 가르칩니다. 기도할 때는 하나님만을 숭배하고 섬기겠다고 기도하는데 삶 가운데서는 사실 엉뚱한 것을 숭배하고 섬기며 산다는 것입니다.

우리는 물질 만능주의 세상에 살다보니 물질을 숭배하게 되는 경향이 있습니다. 우리가 물질을 구하는 것은 자기를 위해서 구합니다. 그리고 일에 성공하는 것도 물론 자기를 위해서 성공하는 것입니다. 권력도 엄밀하게 이야기하면 누구 다른 사람을 위해서 갖기를 원하는 것이 아니라 바로 자기 자신을 위해서 구하는 것입니다. 따라서 물

11 _ 문제점 해결방안 : 믿음으로 돌아가자

질, 성공, 권력 등을 숭배하는 것은 결국 자기 자신을 숭배하는 것입니다. 그래서 다른 사람이 다 좋아도 내가 싫으면 안 하는 것입니다. 이것은 나를 창조하신 하나님께로 돌아간 것이 아닙니다.

하나님께로 돌아온 표시

하나님을 경외하는 가장 좋은 표현은, 다시 말해서 하나님께로 돌아온 사람이 하나님을 가장 기쁘시게 하는 단어 두 개가 있다고 유태인들은 가르칩니다. 바로 그 두 단어는 '믿음'과 '순종'이라고 유태인들은 강조하여 말합니다.

기독교인들은 훌륭한 믿음을 가졌는데 순종이 부족하다고 유태인들은 말하기도 합니다. 기독교인들도 가장 훌륭한 교사이신 하나님을 통해서 믿음을 배웠습니다. 그리고 이 믿음을 통해서 구원을 얻은 것입니다. 구원받은 사람은 "믿음을 내게 가르쳐주셔서 구원의 길을 가도록 해 주셔서 감사합니다"라고 고백해야 합니다. 그 다음에 "우리에게 어떻게 살아야 되는지를 가르쳐 주십시오"라고 기도하여야 합니다.

하나님에 대한 믿음과 순종을 가르치면서, 이 믿음과 순종을 통해서 하나님께서는 성도들에게 무엇을 가르쳐주시기를 원하시는 것일까요? 왜 아브라함을 세우고 이삭을 세우고 야곱을 세워서, 그들을 통해서 우리에게 무엇을 가르치시기를 원하시는가 하는 것입니다. 그것은 그 조상들을 통해서 생활하는 방식을 가르쳐주시기 위해서라고 설명합니다.

그러면 "어떻게 살아야 하는가"라는 질문에 순종하는 삶을 살아야 하는데 이 순종하는 삶이라는 것은 무엇을 말하느냐고 물으면, 유태인들은 말하기를 "순종은 겸손"이라고 합니다. 그리고 이스라엘 사람들은 "하나님의 마음을 소유하는 것이 겸손"이라고 말합니다.

그러면 하나님의 마음을 소유한 사람은 어떤 사람입니

까? 하나님의 마음을 소유한 사람은 사랑과 동정으로만 표현이 된다고 합니다. 그러니까 하나님의 마음은 모든 것을 향해서 동정하고 사랑하는 것입니다. 그러므로 겸손하다는 말은 하나님 앞에서 하나님을 사랑하는 자라는 것입니다.

하나님을 사랑하는 자는 하나님이 자신에게 무엇을 요구하시는지 아는 사람이라고 합니다. 하나님이 요구하시는 것을 순종하게 된다는 것입니다. 그러니까 겸손과 순종과 하나님의 마음과 사랑은 계속해서 순환할 수밖에 없다는 것입니다.
사랑하는 사람이 원하는 것을 하지 않을 수 있느냐고 했을 때 하지 않을 수는 없다는 것입니다. 그러므로 하나님을 사랑하는 사람은 하나님을 기쁘시게 하기 위해서 산다는 것입니다.

또한 그들은 하나님의 마음을 소유하기 위해서 기도한다고 가르칩니다. 우리가 기도함으로 하나님의 마음을 소

바르게 사는 방법을 가르치는 **유태인 교육법**

유하게 되면, 우리는 겸손해지고 우리가 겸손해지고 나면 내 옆에 앉아 있는 사람이 다른 나처럼 보이게 된다는 것입니다. 다른 나 하나가 옆에 앉아 있으면, 이 사람은 하나님의 마음을 소유한 사람입니다. 그리고 이 사람은 하나님의 형상을 회복한 사람입니다. 그러면 이 하나님의 형상을 나는 섬겨야 하는 것입니다. 그래서 우리는 옆 사람을 섬겨야 하고 그것이 우리의 기도의 내용이 되어야 합니다.

하나님께로 돌아온 표시로서 사랑

하나님의 사랑이란 무엇입니까? 하나님을 사랑한다는 말은 순종과 충성이라고 유태인들은 말합니다. 그래서 하나님을 사랑한다는 말은 하나님 앞에서 충성을 맹세하는 것입니다. 그러면 하나님 앞에서 충성을 맹세한 사람은 어떻게 됩니까? 하나님께 충성을 맹세하고 충성하는 사람에게는 하나님의 요구가 있습니다. 하나님의 은혜를 입은 노아에 관한 기사를 주의 깊게 살펴보시기 바랍니다.

11 _ 문제점 해결방안 : 믿음으로 돌아가자

노아의 홍수가 아담 후 몇 년에 일어났는지 계산하여 보셨습니까? 하나님께서 아담을 만드신 때를 0년으로 보고 1656년에 무드셀라가 죽고 그 해에 홍수가 났습니다. 창세기 5, 6장을 주의 깊게 읽어 보면 하나님께 충성했던 사람들은 모두 1656년 이전에 죽었다는 사실입니다. 그러니까 하나님의 심판으로 죽은 것이 아니라 하나님을 믿고 충성한 모든 사람들은 하나님이 심판하시기 직전까지 모두 안전한 장소로 데려가신 것입니다. 성경에 나오는 인물 가운데 가장 오래 살았던 무드셀라도 이때에 죽습니다.

그러나 하나님이 우리에게 요구하시는 것은 우리로서는 할 수 없는 것이 더 많습니다. 그런데 이것을 요즘에 와서 목사님들이 요구하고 있는 경우도 많이 있습니다. 그러나 우리는 하나님의 말씀 안에서 우리에게 충성을 요구한다면 따라야 합니다. 그래서 말세의 은사 중에 가장 좋은 은사가 지혜 지식의 은사와 영분별의 은사입니다. 말세에 하나님께 충성된 종을 만나는 것이 복이라고 했습니다.

바르게 사는 방법을 가르치는 유태인 교육법

여기서 요구하는 것은 어떤 사람이 요구하는 충성이나 복종이 아니라 하나님을 사랑하는 사람은 하나님께 충성하고 복종하는데, 하나님이 요구하시는 것에 충성하고 복종하기를 요구하시는 것입니다. 따라서 하나님의 명령과 요구에 순종하게 되는 것입니다.

그런데 요즘의 기독교인들은 하나님의 요구에 대해서 "이것은 법이야"라고 말하면서 순종하지 않고 있습니다. 하나님의 요구에 대해서 우리가 행해야 할 것은 율법이라고 밀어 놓고 복음과 믿음만을 강조하고 있는 것입니다. 믿음과 복음만을 강조하다보니 하나님의 명령은 어디론가 사라진 것입니다. 그래서 우리에게 가장 중요한 것은 이 법이 하나님의 사랑이라는 것을 깨닫는 것입니다.

하나님이 법을 우리에게 주신 이유는 하나님이 우리를 사랑하시기 때문입니다. 그래서 구약을 하나님의 법이라고 한다면 신약도 하나님의 법인 것입니다. 신약이 복음이면 구약도 복음이 되는 것입니다. 그래서 구약 속에 있는 창세기 3장 15절을 원시 복음이라고 합니다. 우리는 구약 속에 나타나는 법만을 보지 말고 복음을 보아야 하는 것입니다. 그리고 신약 속에 나타나는 복음만을 보지 말고 법을 볼 수 있어야 합니다.

여기서 복음이란 하나님이 우리에게 구원의 길을 가르쳐주시는 것이고, 법이란 우리의 생활 방식을 가르치는 것입니다. 그래서 구약에도 신약에도 구원의 길을 가르치는 복음과 생활방식을 가르치는 법이 언제나 함께 있는 것입니다. 그래서 하나님을 부를 때 나의 창조주라고 부르다가 나를 만드신 분으로서 너무나 좋으니까 아버지라고 부르는 것입니다. 구약 시대에서도 하나님을 아버지라고 부릅니다. 그러므로 하나님은 믿는 사람들의 영적인 아버지가 되십니다.

Jew's Method

12

교육 현장으로
나가는 길

아무도 보지 않는 곳에서
하나님을 두려워하는 사람으로 세우는 것이 교육입니다.

12 교육 현장으로 나가는 길

하나님 아버지의 말씀을 바르게 가르쳐 자녀들이, 후손들이 말씀을 바르게 따르도록 인도하는 것이 유태인 교육이며, 유대교 교육입니다. 하나님의 말씀을 따라 말씀이 가라 하면 가고, 서라 하면 서는 지혜와 능력을 가지도록 인도하는 사람이 선생님이며, 선생님께서 보여주신 것을 보고 따라하는 것이 학생의 의무인 것입니다.

우리는 선생님이신 하나님을 닮은 앞서가신 선생님들의 발자취를 따라, 하나님을 닮은 모습을 가지고 후손들에게 하나님의 형상을 보여주며 따르도록 인도하는 선생님이 되어야 합니다.

유태인 교육은 하나님 교육이 우선이며, 성경과 미쉬나

바르게 사는 방법을 가르치는 유태인 교육법

와 미드라쉬 탈무드를 교과서로 삼아 하나님의 형상을 회복하는 교육을 합니다. 하나님의 사람으로서 하나님 앞에서 어떻게 사는 것이 바르게 사는 것인지 가르쳐 사람들이 보지 않는 곳에서도 하나님의 인격을 닮은 사람으로 바르게 서게 하는 것입니다.

> 사람들이 없는 곳에서 사람 되게 하는 것이 진정한 교육입니다.
> 아무도 보지 않는 곳에서 하나님을 두려워하는 사람으로 세우는 것이 교육입니다.
> 보는 사람이 없어도 자신의 의무를 충실히 감당하며 하나님의 뜻을 이루는 사람으로 세우는 것이 하나님이 기뻐하시는 바른 교육입니다.

그러므로 피르케이 아보트는 가르칩니다.*

> 다음 세 가지를 언제나 기억하라. 그러면 바른 길을 걸어 갈 수 있을 것이며 바른 삶을 살 수 있는 것이다.

* 피르케이 아보트 2장 1절

12 _ 교육 현장으로 나가는 길

1. 너를 바라보고 있는 한 눈이 있다는 것을,
2. 네가 생각하고 있는 것 까지 듣고, 중얼거리는 것 까지 듣는 한 귀가 있다는 것을,
3. 네가 말하는 것을 기록하고 네가 행동하는 것을 모두 그림으로 그리는 한 책이 있다는 것을 기억하라.

하나님은 우리에게서 눈을 떼지 않으시고 바라보고 계십니다.

하나님은 우리에게서 귀를 떼지 않으시고 집중하여 듣고 계십니다.

하나님은 우리에게 가장 가까이 계시면서 우리가 말하는 모든 것을 기록하시고 우리가 행동하는 모든 것을 빠짐없이 그림으로 그리고 계십니다.

우리는 바로 우리와 함께 계시는 하나님 앞에서 사는 것입니다.

이것을 진정으로 인식하고 사는 삶이 하나님을 믿는 삶입니다.

바르게 사는 방법을 가르치는 **유태인 교육법**

이것이 바른 삶입니다.
잘사는 것이 중요한 것이 아니라 바르게 사는 것이 중요합니다.

하나님 앞에서 바른 삶을 사는 2세를 교육하는 교육의 장으로 우리 나아갑시다.

참고도서

변순복, 『유태인이 자녀들에게 가르치는 이야기』, 서울: 도서출판 정금
변순복, 『탈무드가 말하는 하나님』, 서울: 도서출판 로고스
변순복, 『변순복교수와 함께하는 탈무드 이야기』, 서울: 도서출판 로고스
변순복, 『열두 바구니에 담긴 특별한 선물』, 서울: 도서출판 로고스
변순복, 『유태인 조상들이 들려주는 삶의 지혜서 피르케이 아보트』, 서울: 도서
　　　　출판 길과 삶
변순복, 『삶의 지혜를 찾아 성경 속으로 탈무드 속으로』, 서울: 도시출판 대서
변순복, 해설, 『피르케이 아보트(CBS TV 변순복의 탈무드 여행 교재)』, 서울:
　　　　도서출판 길과삶